保険税務のプロによる

相続・贈与のお悩み解決ノート

税理士
追中　徳久　著

ぎょうせい

はじめに

「相続・贈与に関する悩みを解決できて本当によかった！」

そんなお言葉をいただいて、うれしく思える毎日をすごしています。

私は、生命保険会社勤務の経歴を生かし、複数の生命保険会社から依頼を受け、身近な方を亡くされた方の相続・贈与の手続に関するご相談を、年間4,000件近くいただいている税理士です。0からスタートして相談実績は1万5,000件を超えました。

ご相談される方は、「相続」という初めての経験に不安を感じながら、誰に相談すればいいのか、何から始めたらいいのか、自分にできるのか、と悩んでいらっしゃいます。

そんな不安を解決すべく、寄り添う心を大切にしながら、ご相談にお応えしています。

最近、新型コロナウイルスによる影響で色々な事が変わりました。大切な方が病院に入院してもお見舞いに行けない、近親者でも亡くなる場面に立ち会えない、葬儀は家族葬や1日葬が一般的、役所の手続は郵便で行う、印鑑が不要な書類が増えた、など。

世の中に相続・贈与に関する本は数多くあります。それらの本の多くは、どちらかというと専門家の立場から、「こんな悩みがあればこう対処しよう」という、ちょっと難しい話が並んでいます。

いつも思うのですが、私がご相談いただいている皆さまのお悩みはそんなに難しいことではありません。多くの方は、もっと入り口のところで悩まれています。

この本の中では、いただいたご相談の中で、こんなことで皆さまが悩まれている、ここを押さえてくれればよかったのにと思うポイントを説明していきたいと思います。

そして、相続財産が２億円以内の皆さまならば、相続・贈与対策として「生命保険の活用」「生前贈与の活用」「遺言書の活用」でうまく乗り越えられると思っています。

　逆に、個別性の強い不動産の活用や非上場株式の説明は思い切って省いています。ポイントを絞って説明することでわかりやすくなり、初めての相続で悩まれている方のご参考になれば幸いです。

　この本が、日頃、税理士・司法書士等の専門家とご縁がなく、初めての相続に悩んでいらっしゃる方のお助けになれば、と切に願っています。感謝の声をいただくたびに、もっと早くご相談いただけたらよかったのにと思っています。

　この本は、一緒に仕事をしている多くの方々のご協力の賜物です。０からスタートして皆さんといっしょに悩みながら今日までやってきました。本当にありがとうございます。これからもご遺族の方があんしんできるようなサポートをお届けできればと思っています。

　また、好きなことをやらせてもらっている両親と家族にこの場を借りて感謝したいと思います。

　なお、本書の内容は執筆時点での筆者の私見です。こう説明すればもっとわかりやすくなると教えていただけたら幸いです。

　　2021年8月

　　　　　　　　　　　　　　　　　税理士　追中　徳久

目 次

3. 贈与でおさえてほしいポイント

4. 相続・贈与対策でおさえてほしい3つのポイント

チャレンジ！

Part. 1

ここだけは
絶対におさえてほしい
3つのポイント

皆さまのお悩みは、「何から始めればいいの」という手続のお悩みから始まります。ただ、このお悩みは市区町村役場等の窓口で聞きながら何とかなっているという方が予想していたより多かったです。

　むしろ、なかなか解決できずモヤモヤしているのは、「保険金を受け取ったけど、どのような税金がかかるの？」「相続税はいくらかかるの？」「相続した不動産の名義変更はどのようにするの？」の３点です。

　この３点を解決すれば、多くの方の相続に関するお悩みのほぼ７割は解決できると思います。

① 保険金を受け取ったけど、どのような税金がかかるの？

　日本人は生命保険好きと言われます。生命保険文化センターの2019年度「生活保障に関する調査」によると、生命保険に加入している割合は男性では81.1％、女性では82.9％となっています。その結果、多くの相続人の方が保険金を受け取り、その金額が多額であるため、自分は何の税金をいくら支払わないといけないのか困っていらっしゃるようです。

　ただ、生命保険にどう税金がかかるかは意外にシンプルで、保険料を負担した人と保険金等を受け取った人との関係で、どのように税金がどうかかるかを判断します。わかりやすく３つのケースをもとにご説明いたします。

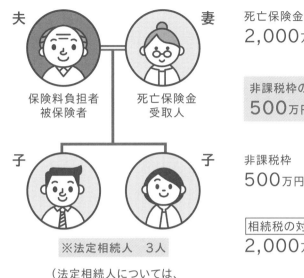

ケース1：相続税　家族＝夫、妻、子2人

夫
妻

保険料負担者
被保険者

死亡保険金
受取人

子
子

※法定相続人　3人

（法定相続人については、
28ページで説明しています）

死亡保険金
2,000万円は**相続税の対象**

≫

非課税枠の計算方法
500万円×**法定相続人の数**

≫

非課税枠
500万円×**3人＝1,500**万円

≫

相続税の対象
2,000万円－**1,500**万円＝
500万円

　1つめのケースは、夫、妻、お子様2人のご家族。夫が保険料を支払い、夫自身に保険をかけ、妻が死亡保険金2,000万円を受け取るケースです。

　保険料を支払った人と保険の対象となる人が同じで保険金受取人が相続人である場合、死亡保険金は相続税の対象となります。

　ただし、2,000万円全部に相続税がかかるわけではありません。

　相続人である妻または子が受け取る場合は、税金のかからない枠、非課税枠があります。この非課税枠は「500万円×法定相続人の数」で計算します。

　法定相続人は妻とお子様2人の合計3人ですから、500万円×3人＝1,500万円までは税金がかかりません。保険金が2,000万円の場合、この非課税枠を超えた部分の500万円が相続税の対象となり、預貯金など他の相続財産とあわせて相続税の計算をします。なお、相続税がかかる場合、保険金に対して所得税や贈与税など他の税金はかかりません。

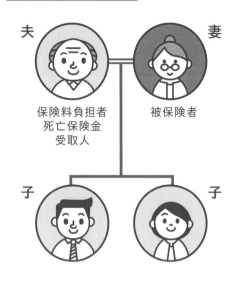

ケース2：所得税 家族＝夫、妻、子2人

夫　　　　　　　　妻

保険料負担者　　　被保険者
死亡保険金
受取人

子　　　　　　　　子

死亡保険金
2,000万円は所得税の対象

≫

所得税の
確定申告が必要

　2つめのケースは、夫が保険料を支払い、妻に保険をかけ、夫が死亡保険金2,000万円を受け取るケースです。

　保険料を支払った夫自身が受け取る死亡保険金は夫の一時所得となります。一時所得は「死亡保険金（配当金含む）－ 払込保険料総額 － 特別控除（50万円上限）」で計算し、その1/2を他の所得と合算して所得税等を算出します。具体的な金額は保険会社から支払調書が送られてきますからそれを利用します。「所得なの？」というちょっと不思議な気がしますが、この死亡保険金は相続税ではなく所得税がかかります。

　このケースもよくあり、**妻が亡くなった翌年に所得税の確定申告（例年2月16日〜3月15日）が必要**となります。

　なお、最近の確定申告はスマホとマイナンバーカードを使ってe-Taxで簡単に申告できるようになっています。

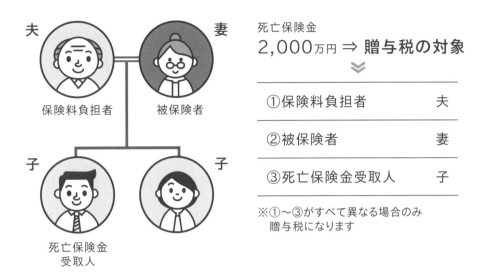

ケース3：贈与税　家族＝夫、妻、子2人

夫　保険料負担者
妻　被保険者
子　死亡保険金受取人
子

死亡保険金
2,000万円 ⇒ **贈与税の対象**

①保険料負担者	夫
②被保険者	妻
③死亡保険金受取人	子

※①～③がすべて異なる場合のみ
　贈与税になります

　自分で保険料を支払っていないので、死亡保険金を受け取ると贈与税がかかるのでは、と心配される方がいらっしゃいます。

　しかし、夫が保険料を支払い、妻に保険をかけ、お子様が死亡保険金を受け取るような例外的なケース以外、贈与税がかかることはありません。ケース3のように**保険料を支払った人、保険の対象になった人、保険金受取人がすべて異なる場合にしか贈与税はかかりません。**

　このように、誰が誰に保険をかけ、誰が保険金を受け取ったかで、税金のかかり方が違ってきます。そして、保険金には、原則、相続税、所得税、贈与税のいずれか一つの税金がかかります。

　また、税金は保険金だけにかかるのではなく、他の財産と合わせて、いくらかかるかを計算します。

　相続税の場合、死亡保険金は非課税枠がある上、速やかに支払われるので、当面の支払対応や税金の支払いにおいてとても便利です。ただ、不慣れな保険金の税金については多額の税金がかかるのではないかと不安に思われる方がとても多いのです。

相続税はいくらかかるの？

　相続税は、現金預金、ご自宅などの不動産、株式等のほかに、みなし相続財産といわれる死亡保険金や死亡退職金などのプラスの財産の合計から、葬儀費用、借入金、未払金などのマイナスの財産の合計を差し引いたものが基礎控除額（相続税の非課税枠）を超えるかどうか、によって税金がかかるかどうかを判断します。

　では、具体的にどのように計算していくのかみていきましょう。

相続税のかかる財産

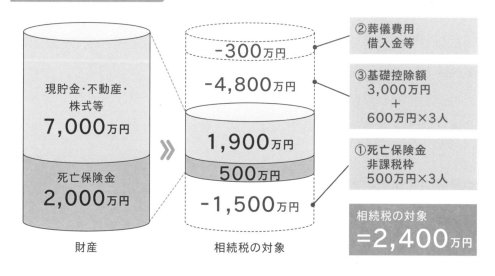

　こちらのケースをもとにご説明します。

　夫、妻、子２人のご家族で、死亡保険金が2,000万円、夫が亡くなった時点での財産が7,000万円、葬儀費用や借入金、未払いの入院費用や税金が300万円の場合を考えます。

　まず、**基礎控除額は「3,000万円＋600万円×法定相続人の数」**で計算しますので、今回の場合は、3,000万円＋600万円×3人＝4,800万円となります。

　死亡保険金については、保険料を支払った人と保険の対象となる人が同じで、法定相続人が受け取る場合に適用される非課税枠があります。非課税枠は「500万円×法定相続人の数」で、この金額までの保険金には税金がかかりません。

　今回は、夫が保険料を支払い、夫自身に保険をかけ、妻が死亡保険金2,000万円を受け取ったとします。法定相続人は妻と子２人の合計３人ですから、非課税枠は500万円×３人＝1,500万円となり、保険金は2,000万円−非課税枠1,500万円の500万円と評価することになります。

　次にマイナスの財産として差し引くことができるのが葬儀費用や借入金、未払いの入院費用や税金です。**葬儀費用は、領収書がもらいにくい僧侶へのお布施やお車代も含め、差し引くことができます。**

　では、ここまでを整理して計算してみましょう。

> ●財産に非課税枠1,500万円を引いた死亡保険金を足した合計
>   額から葬儀費用など300万円を差し引いて、それが基礎控除
>   額を超えるかどうかです。
>   7,000万円 ＋（2,000万円 − 1,500万円）− 300万円
>   ＝ 7,200万円 ＞ 4,800万円

　この場合、基礎控除額4,800万円を2,400万円ほど超えているので、お亡くなりになった日の翌日から10か月以内に、相続税の申告と納付が必要になります。

　基礎控除額を超えていなければ相続税の対象とならず、申告も納付も不要ということになります。この場合、現金預金や自宅などを相続しても相続税はかからないということになります。もちろん、所得税など他の税金もかかりません。後日、税務署から「相続税についてのお尋ね」が送られてきても、相続税がかからないと回答するだけです。

**相続した不動産の名義変更は
どのようにするの？**

　相続した不動産の登記についてはこれまで、相続税の申告のようにいつまでに登記しないといけないという期限はありませんでした（固定資産税については、2020年度の税制改正で、相続人となって3か月以内に都税事務所や市区町村役場に固定資産現所有者申告書の提出を求められるようになりました）。

　しかし、名義の変更をしないまま放置されている不動産が相当あり、2021年4月の通常国会で不動産登記法等の改正法案が成立・公布され、**2024年をめどに名義変更が義務化**されることになりました。
（施行日前の相続から適用されるものがありますから、注意が必要です）

改正の概要

1．相続により所有権を取得した不動産の3年以内の移転登記の義務化。正当な理由なく申請を怠ると10万円以下の過料（改正不動産登記法）。

2．土地所有権の国庫帰属制度の新設。建物がなく担保権や土壌汚染がないのが原則。10年分の負担金が必要（相続等により取得した土地所有権の国庫への帰属に関する法律）。

3．不動産所有者の氏名、住所の変更の2年以内の登記の義務化。正当な理由なく申請を怠ると5万円以下の過料（改正不動産登記法）。

4．相続開始後10年経過した遺産分割の制限（改正民法）。

　そもそも登記が放置された原因としては、名義の変更に必要とされる書類が多いことにあると思います。高額な不動産ですから、「誰から」

「誰に」「どの不動産を」相続させるのか、遺言書または遺産分割協議書で証明することが必要です。さらに、法務局への手数料がかかります。

　例えば、誰に不動産を相続させるかを相続人が協議して決めた場合（遺産分割協議といいます）に必要とされる書類は以下のとおりです。

名義変更に必要な書類例

		入手先
❶ 登記申請書		法務局HP
❷ 遺産分割協議書 ┤ どの不動産を		相続人が作成
❸ 亡くなった方の出生から死亡までの連続した**戸籍謄本** ┤ 誰から		亡くなった方の本籍地の市区町村役場
❹ 亡くなった方の**住民票の除票**		亡くなった方の住所地の市区町村役場
❺ 遺産分割協議の当事者である**相続人全員の戸籍謄本または抄本**		相続人の本籍地の市区町村役場
❻ 相続人全員の**印鑑証明書** ┤ 誰に		相続人の住所地の市区町村役場
❼ 不動産を相続することになった**相続人全員の住民票**		相続人の住所地の市区町村役場
❽ 固定資産評価証明書※ ┤ 手数料の算出		不動産所在地の市区町村役場

（※）固定資産評価額の0.4％を登録免許税として法務局へ手数料として支払います（一部減免措置がある場合があります）

　このうち、「誰から」という被相続人に関する書類が❸の「戸籍謄本」と❹の「住民票の除票」（本籍地の記載が必要）です。

　「誰に」という相続人に関する書類が❺の「戸籍謄本または抄本」と❻の「印鑑証明書」と❼の「住民票」です。

（上記書類をもとに法務局で「法定相続情報一覧図」を作成しておけば、

金融機関での名義変更などの手続の際に便利です。)

　「どの不動産を」に関する書類が❷の「遺産分割協議書」です（「遺言書」の場合もありますが、１割未満と少数です）。

　さらに、手数料に関して必要な書類が❽の「固定資産評価証明書」です。

　これらの書類を、相続した不動産を管轄する法務局へ提出することになります。

　なお、**戸籍関係は本籍地が遠方であっても、ご自身で、郵便で取り寄せることは可能**です。被相続人の本籍地（住民票に載っています）の役所に電話で「相続に必要なので、出生から死亡までの戸籍を全部ください」と頼み、出生時までたどりつきます。申請書、身分証明書の写し、手数料分の定額小為替、返信用封筒と切手が必要ですが、難しいことではありません。

　登記をしていないと不動産を相続人のものと主張することができず、売却することができません。また、新たな相続がおこれば相続人がさらに増え、より多くの書類が必要になる可能性があります。

　これからは、忘れずに、相続した不動産について名義の変更を行ってください。祖父母や父母の相続時に相続登記をしなかったため、戸籍の収集や相続人の同意のとりまとめで苦労している方々を多く見ています。

　なお、登記手続は法務局の窓口で相談されながらご自身でされる方も多いです。日本では、遺言書を残される割合が少ないので、遺産分割協議書が必要となり、その書き方で困る方もいらっしゃいます。しかし、法務局のホームページなどに記載例が多く掲載されていますし、法務局での対応も親切です。それでも祖父母などの相続で相続登記が放置されていたなどの場合はご自身では手に負えないと思います。そう思ったら、登記の専門家である司法書士にご依頼してください（登記に関する専門家は、税金の専門家である税理士や紛争解決の専門家である弁護士ではありません）。

　この３つのポイントをご説明したら、多くの方は「良かった！ 保険金に税金がかからないし、全体の相続税もかからない。自宅の名義や預金口座を変更するだけでいい。ずっと悩んでいたけどスッキリした」となります。

CHECK!! ここが重要! #01

☐ 死亡保険金にかかる税金は、保険料負担者と受取人との関係で決まります。
保険料負担者＝被保険者≠受取人は相続税
保険料負担者＝受取人は所得税
（例外：保険料負担者、受取人、被保険者すべて異なれば贈与税）

☐ 相続税は、預貯金額や不動産などプラスの財産から葬儀費用・借入金などのマイナスの財産を控除した金額が基礎控除（3,000万円＋600万円×法定相続人数）を超えた場合にかかります。

☐ 相続した土地・建物に関しては、2024年をめどに、登記が義務化されることになりました。

Part.2

相続で
おさえてほしいポイント

1 何から手をつければ いいのでしょうか？

　大切な方とお別れして悲しいのに、遺族は多くの手続をしないといけません。何から手をつければいいのか迷うところです。

　具体的には、16ページから17ページのチェック項目の手続をひとつひとつ行うことになります。

主な手続

- ●7日以内　　　死亡届や埋葬許可書は葬儀業者が代行してくれる
　　　　　　　　死亡診断書は多めにコピーをとっておく
- ●14日以内　　世帯主変更届、健康保険・介護保険資格喪失届
　　　　　　　　年金受給者死亡届（厚生年金は10日以内）
- ●3か月以内　相続放棄、固定資産現所有者申告書
- ●4か月以内　準確定申告（還付の場合は5年以内）
- ●10か月以内　相続税申告・納付
- ●2年以内　　葬祭費請求・高額医療費請求等
- ●3年以内　　土地・建物の相続登記、死亡保険金・入院給付金請求等
- ●5年以内　　公的遺族年金・未支給年金請求等

　なかでも、**相続放棄（3か月）、準確定申告（4か月）、相続税の申告（10か月）は期限があるので注意が必要**です。

（今後は土地・建物の相続登記（3年）も注意が必要となります）

　なお、**2021年4月以降、年金関係書類や相続税申告書など税務関係書類において押印が不要**となりました。しかし、法務局の相続登記申請書類や遺産分割協議書などでは、引き続き実印や印鑑証明書が必要とされます。

銀行など金融機関への連絡はいつまでにすればいいのですか？

金融機関にいつ相続開始を連絡するかは、皆さんお悩みです。連絡すると預金口座が凍結され、出金も入金もできなくなるからです。しかし、**2019年7月1日から、相続人全員の同意がなくても、1金融機関あたり150万円という上限額はありますが、預金額×3分の1×法定相続割合は払い戻しできます。**ただ、必要書類をそろえる時間も必要なので、連絡については、葬儀費用や生活費等の当面の支払が終わった後でもやむをえないと思います。

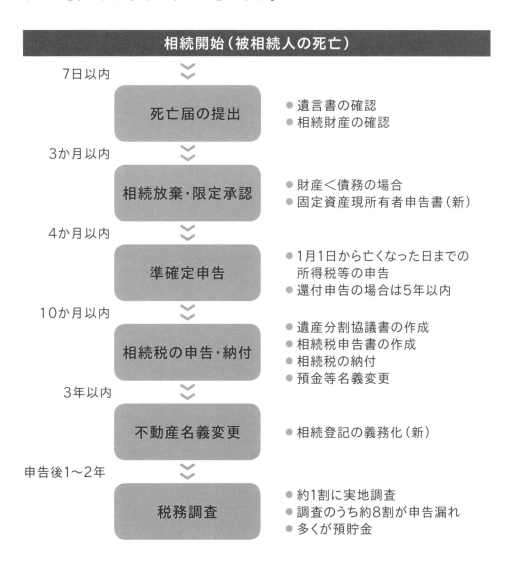

相続開始（被相続人の死亡）

7日以内
死亡届の提出
- 遺言書の確認
- 相続財産の確認

3か月以内
相続放棄・限定承認
- 財産＜債務の場合
- 固定資産現所有者申告書（新）

4か月以内
準確定申告
- 1月1日から亡くなった日までの所得税等の申告
- 還付申告の場合は5年以内

10か月以内
相続税の申告・納付
- 遺産分割協議書の作成
- 相続税申告書の作成
- 相続税の納付
- 預金等名義変更

3年以内
不動産名義変更
- 相続登記の義務化（新）

申告後1〜2年
税務調査
- 約1割に実地調査
- 調査のうち約8割が申告漏れ
- 多くが預貯金

☑ チェック項目		期限目安	手続き先		
			市区町村役場	勤務先	その他
☐ 死亡届の提出		7日以内	●		
☐ 死体火(埋)葬許可証の申請		7日以内	●		
☐ 死亡退職届(死亡退職金請求)		14日以内		●	
☐ 世帯主変更届の提出		14日以内	●		
☐ 健康保険・介護保険の資格喪失(保険証の返却)	国保	14日以内	●		
☐	協会けんぽ	5日以内		●	
☐ 国民年金の被保険者・受給権者死亡届		14日以内	●		年金事務所
☐ 厚生年金の被保険者・受給権者死亡届		10日以内			年金事務所
☐ 固定資産現所有者申告書		3ヶ月以内	●		
☐ クレジットカードの解約		速やかに			カード会社
☐ 携帯電話の解約		速やかに			携帯電話会社
☐ パスポートの返却		速やかに			パスポートセンター
☐ 運転免許証・運転経歴証明書の返却		速やかに			警察署
☐ マイナンバーカードの返却		各種手続き後	●		
☐ 印鑑証明書の返却		速やかに	●		
☐ 住居の賃貸借契約の変更		速やかに			営業所や家主・管理会社
☐ 電気・ガス・水道の名義変更・解約		速やかに	水道 ●		契約している各会社
☐ NHK受信料の名義変更・解約		速やかに			NHKカスタマーセンター
☐ 電話加入権の名義変更		速やかに			NTT窓口／各社ホームページ
☐ 新聞・インターネット契約		速やかに			新聞販売店／プロバイダー
☐ 預貯金の名義変更		遺産分割確定後			預入れ金融機関
☐ 生命保険等の名義変更		遺産分割確定後			契約している保険会社等
☐ 有価証券の名義変更		遺産分割確定後			証券会社／信託銀行
☐ 不動産の所有権移転登記		3年以内			不動産所在地の法務局
☐ 自動車の名義変更	普通車	遺産分割確定後 15日以内			陸運局
☐	軽自動車	遺産分割確定後			軽自動車検査協会
☐ オートバイの名義変更	126cc～	遺産分割確定後			陸運局
☐	～125cc	遺産分割確定後	●		
☐ ゴルフ会員権の名義変更		会則による			ゴルフ場

相続手続一覧　2. 給付関係

☑ チェック項目		最終期限	手続き先		
			市区町村役場	勤務先	その他
☐ 年金受給停止手続・未支給年金の請求		速やかに・5年	●		年金事務所
☐ 公的遺族年金	国民年金に加入の場合	5年	●		
☐	厚生年金に加入の場合	5年			年金事務所
☐ 葬祭費	国民健康保険に加入の場合	2年	●		
☐ 埋葬料	健康保険組合に加入の場合	2年		●	協会けんぽ 等
☐ 労災の遺族給付等		2年（葬祭給付） 5年（遺族給付）	●		労働基準監督署
☐ 高額医療費の還付請求	国民健康保険に加入の場合	2年	●		
☐	健康保険組合に加入の場合	2年			健康保険組合／協会けんぽ 等
☐ 死亡保険金		3年			加入の保険会社等
☐ 入院給付金		3年			加入の保険会社等
☐ 団体信用生命保険		3年			住宅ローン借入先

相続手続一覧　3. 遺族相続関係

☑ チェック項目		最終期限	手続き先			郵送での対応
			市区町村役場	勤務先	その他	
☐ 相続人の確定		速やかに	●		相続人の本籍地	●
☐ 自筆証書遺言状の確認	法務局保管分	速やかに			遺言書保管の法務局	●
☐	上記以外	速やかに			最終住所地の家庭裁判所	検認申立のみ可
☐ 公正証書遺言の確認		速やかに			公証役場	●
☐ 相続放棄・限定承認		知った日から3カ月以内			被相続人の住所地の家庭裁判所	●
☐ 未成年相続人の特別代理人選任		速やかに			未成年相続人の住所地の家庭裁判所	●
☐ 所得税の準確定申告（被相続人）		4カ月以内		●	被相続人の住所地の税務署	●
☐ 遺産分割協議書の作成		10カ月以内			（相続人で協議）	
☐ 相続税の申告と納付		10カ月以内		●	被相続人の住所地の税務署	●

CHECK!! ここが重要! #02

- ☐ 相続放棄（３か月）、準確定申告（４か月）、相続税の申告（１０か月）の３点の期限に注意が必要です。

- ☐ 今後は土地・建物の相続登記（３年）も注意が必要となります。

- ☐ 金融機関は、相続開始がわかれば、預金口座を凍結してしまいます。知らせるのはいつがいいかは検討が必要です。

MEMO

② 相続放棄（3か月）はどうすれば？

相続放棄とは、現金預金や自宅などのプラスの財産より借入金などマイナスの財産が多い場合、**家庭裁判所に申述して最初から相続人ではなくなる手続**です。

そもそもマイナスの財産が多いので、専門家に頼まず、多くの方が自分で被相続人の最後の住所地の家庭裁判所に手続をされています。手続費用は収入印紙800円と連絡用の郵便切手です。

多くの方が勘違いされているのですが、遺産分割協議の結果、相続割合を「0」にすることは厳密には相続放棄とはいいません。

 相続放棄をしたのですが、死亡保険金は受け取りたいと思います。大丈夫ですか？

相続放棄しても、判例により死亡保険金は遺贈として受け取ることができます。遺贈は他の相続財産といっしょに相続税がかかります。遺贈も相続税の基礎控除（相続放棄があっても基礎控除の額は変わりません）の対象となるので、相続放棄の多くの場合、相続税がかからず保険金を受け取ることができます。ただし、**相続放棄すると相続人ではなくなるので、死亡保険金の非課税枠は使えません。**

なお、注意しないといけないのが、相続放棄すると次順位の方が相続人になります。配偶者と子が放棄しても、次は両親、その次は兄弟姉妹が相続人になります。必ず連絡をとって**全員が相続放棄することが必要**です。

その他、死亡退職金や遺族年金、未支給年金、高額医療費の還付金は相続放棄しても受け取れる場合があるのでご確認ください。

**相続放棄したのですが、
入院給付金も受け取れますか？**

入院給付金は、本来、被保険者が受け取るべきものなので相続放棄した人は受け取ることができません。保険金といっしょに手続きをして、入院給付金を受け取ってしまい相続放棄ができなくなる場合があるので、注意が必要です。

その他、高価な形見を受け取ったり、被相続人の医療費や借入金を被相続人の財産から払うことも注意が必要です。

**相続したくない不財産だけを
相続放棄することができますか？**

悩ましいのは、誰も住む相続人がいない、ご両親が住んでいたご自宅の相続です。他の預貯金等は相続したいけれど、自宅だけを放棄するということはできません。従来は権利を不当に侵害しているといわれないように注意しつつ、相続時精算課税と相続放棄を組み合わせて対応することも考えられました。しかし、これからは、新しくできた、家屋を取り壊して更地にする、抵当権をはずす等一定の要件を満たして国に寄付する制度（相続等により取得した土地所有権の国庫への帰属に関する法律）の活用を考えてみてください。

CHECK!! ここが重要! #03

- [ ] 相続放棄とは家庭裁判所へ手続きをする場合をいい、遺産分割協議の結果、相続する財産を「0」にする場合と異なります。

- [ ] 相続放棄しても、死亡保険金を受け取ることはできますが、入院給付金は受け取ることができません。

準確定申告（４か月）は どうすれば？

　準確定申告（４か月）は、１月１日からお亡くなりになる日までの所得税の精算です。ただ、４か月の制限は税金を支払う場合です。

　逆に**支払った医療費等が多く、源泉徴収された所得税の還付を受ける場合は５年以内**と急ぐ必要はありません。還付金がある場合、還付金自体が相続税の課税対象になりますから、相続税申告が必要ならば準確定申告は相続税申告と同時でいいと思います。

　ただ、還付の場合、手間と金額を考え、準確定申告をしない方が結構いらっしゃるように思えます。

CHECK!! ここが重要! #04

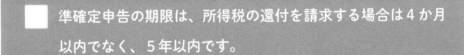

　　準確定申告の期限は、所得税の還付を請求する場合は４か月以内でなく、５年以内です。

4 相続税の申告（10か月）はどうすれば？

①相続税の申告は必要ですか？

　まず、お亡くなりになった日の翌日から10か月以内の相続税の申告が必要かどうかを検討します。

　預貯金、自宅、株式等プラスの財産から、葬儀費用や借入金を差し引いた課税価格が基礎控除額「3,000万円＋600万円×法定相続人の数」を超えるかどうかで申告の要否が決まります。

　相続税の申告が必要な場合、被相続人の住所地を所管する税務署に相続税の申告書を提出しなければなりません。

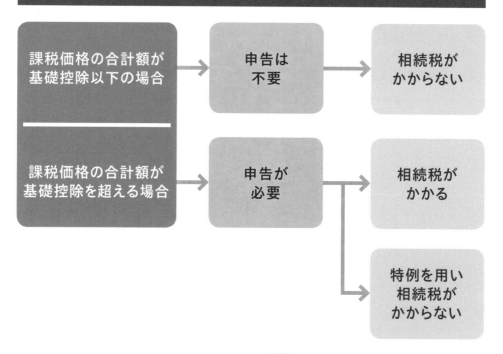

相続税の基礎控除額＝3,000万円＋（600万円×法定相続人の数）

| 課税価格の合計額が基礎控除以下の場合 | → | 申告は不要 | → | 相続税がかからない |

| 課税価格の合計額が基礎控除を超える場合 | → | 申告が必要 | → | 相続税がかかる |
| | | | → | 特例を用い相続税がかからない |

※特例を受けるためには、原則10か月以内に遺産分割が必要

自分で相続税申告をすることは可能ですか？

専門家である税理士に依頼するのが好ましいのですが、悩ましいのは、相続財産が基礎控除額を超えて相続税の申告自体は必要ですが、小規模宅地等の評価減の特例や配偶者の税額軽減の特例を使って相続税を支払わなくてもよい場合です。

税理士に頼めば、間違えずに申告してもらえるのですが、相続財産の約0.5％〜1％といわれる税理士報酬を考えると、どうおすすめするのか悩んでしまいます。

もし相続財産がご自宅と預貯金だけならば、ご自身での申告が可能かもと考えてしまいます。80歳を過ぎた相続人の妻が、亡くなった夫の財産を減らしたくないと、頑張ってご自身で申告された時のやりとりを思い出すからです。

なお、**最近の傾向ですが、2015年の相続税法見直しにより相続税の課税される割合が見直し前の4.4％から2019年度は8.3％へと大きく増えました。都心部を中心に、特例を適用することにより相続税はかからないのに相続税申告は必要、とされる方が増えました。**加えて、新型コロナウイルス感染症のため自宅で過ごす時間が増えたためなのか、ご自身で相続税申告をしたいと希望される方が増えています。

CHECK!! ここが重要！　#05

☐ 配偶者の税額軽減の特例や小規模宅地等の評価減の特例を使う場合、相続税の納税額がなくても、申告期限内（10か月）の申告が必要です。

ここは難問！

　最近増えている自分で相続税の申告に挑戦したいという方のために、相続税の申告書の書き方を簡単にご説明します（ここはちょっと難しいので、読みとばしていただいても結構です）。

ア．国税庁ホームページで「**相続税の申告のしかた**」、「**相続税の申告書等の様式一覧**」、「**相続税の申告のためのチェックシート**」を確認します（印刷するには分量が多いので、最寄りの税務署で書類一式をもらうことをおすすめします。なお、2019年10月1日からe-Taxでの相続税申告も可能になりました）。特に、「**相続税の申告のしかた**」の中の「**相続税の申告書の記載例**」は重要で、ここを参考にして、申告に必要な申告書を作成していきます。

イ．プラスの財産に関する「**第9表（生命保険金などの明細書）**」、「**第10表（退職手当金などの明細書）**」、「**土地及び土地の上に存する権利の評価証明書**」（54ページ）、「**第11・11の2表の付表1（別表1）（小規模宅地等についての課税価格の計算明細書）**」、マイナスの財産に関する「**第13表（債務及び葬式費用の明細書）**」等を作成し、「**第11表（相続税がかかる財産の明細書）**」、「**第15表（相続財産の種類別価額表）**」と「**第1表（相続税の申告書）**」、「**第2表（相続税の総額の計算書）**」に転記します。

ウ．「**第5表（配偶者の税額軽減額の計算書）**」、「**第6表（未成年者控除額・障害者控除額の計算書）**」、「**第7表（相次相続控除額の計算書）**」などの税額控除の適用があれば作成し、「**第1表（相続税の申告書）**」に転記します。

エ．「**相続税の申告のしかた**」の「**（参考）相続税の申告の際に提出していただく主な書類**」「**相続税の申告のためのチェックシート**」に従い、「**マイナンバーについての本人確認書類**」、「**被相続人の全て**

の相続人を明らかにする**戸籍の謄本**（相続開始の日から10日を経過した日以後に作成されたもの。写しでよい。）**または法定相続情報一覧図の写し**」、「**遺言書の写し又は遺産分割協議書の写し**」、「**相続人全員の印鑑証明書**（原本）」を準備します。

オ. 上記を被相続人の住所地の税務署に郵送（または窓口に持参してもいいです）します（別途、「**第1表（相続税の申告書）の写し**」と返信用封筒・切手を同封して、収受日を押して返送してもらいましょう）。

カ. 納付書（税務署または金融機関にあります）を作成して納税します（納税額が多額の場合、金融機関の窓口での納付が安全です）。

CHECK!! ここが重要！　#06

☐ 申告書のうち、提出するのは第1表、第2表以下、必要な部分だけです。全部ではありません。

☐ 「相続税の申告のためのチェックシート」に従って、申告書の数値を証明するために、戸籍関係の写しや契約書の写し、預貯金の残高証明書などの添付書類を提出します。なお、通常、預金通帳の写しまでは提出しません。

☐ 大概の書類は写しでよいのですが、遺産分割協議書に押印した実印にかかる印鑑登録証明書は原本とされます。

第9表
生命保険金などの明細書

POINT

相続人の死亡保険金の合計額が非課税枠を超えた場合は、非課税枠を相続人が受け取る保険金額で按分します。

第10表
退職手当金などの明細書

POINT

企業から支給される企業年金（確定給付企業年金や確定給付年金）で受給前に被相続人が亡くなった場合は、退職手当金とされ、「500万円×法定相続人の数」の非課税枠の対象となります。

第11・11の2表の付表1
小規模宅地等についての課税価格の計算明細書

POINT

この申告書については、どの不動産に特例を適用するか、全ての相続人の同意が必要です。

第11表
相続税がかかる財産の明細書

POINT

家具、書籍等の家庭用財産はまとめて、家財一式として10万円といったように全体で評価します。これには、電話加入権も含まれることになりました。

第13表
債務及び葬式費用の明細書

第14表
相続開始前3年以内の贈与財産等

第15表
相続財産の種類別価額表

第4表
相続税額の
加算金額の計算書

第4表の2
暦年課税分の贈与税
額控除額の計算書

第5表
配偶者の税額軽減額の計算書

POINT

第5表の計算結果を第1表の税額控除に転記するのですが、配偶者の申告納税額が0になるよう端数処理をしないと、納税額が発生することになります。

第1表
相続税の申告書

POINT

相続人の押印は不要となりました。また、相続人が複数の場合、申告書は共同申告が原則ですが、別々に申告する場合は、共同申告する方のみを記載して提出してください。

第6表
未成年者控除額・
障害者控除額の計算

POINT

2022年4月1日以降、成年年齢が20歳から18歳に引き下げられ、法定相続人が18歳に達するまでの年数（1年未満の端数は切り上げ）に10万円を乗じた金額を、相続税額から控除するよう改正されました。

また、相続人が障害者の場合は、85歳に達するまでの年数1年につき10万円（特別障害者の場合は20万円）が控除されます。

なお、障害者控除を適用して相続財産が基礎控除の範囲内におさまる場合、配偶者の税額軽減や小規模宅地等の評価減の特例の場合と異なり、相続税申告は不要です。

第2表
相続税の総額の
計算書

第7表
相次相続控除額の計算書

POINT

前回の相続から10年以内に相続がおきた場合、前回の相続税額のうち、1年につき10%の割合で逓減した金額を今回の相続に係る相続税額から控除します。

第8表
外国税額控除

②相続人は誰でしょうか？

民法（相続や贈与に関する法律）は、相続人（亡くなった「被相続人」から財産を承継する人）の範囲と順位を決めています。

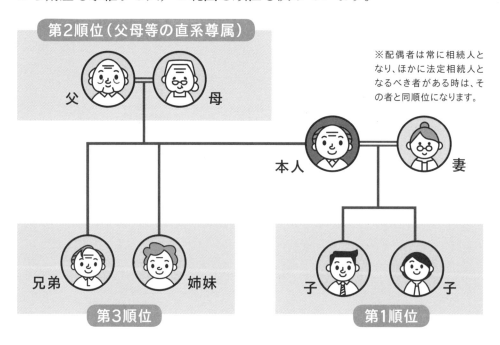

※配偶者は常に相続人となり、ほかに法定相続人となるべき者がある時は、その者と同順位になります。

① 配偶者は常に法定相続人となります（内縁関係者は含まれません）。

② 子などが配偶者とともに、以下の順位で法定相続人となります。

第1順位

被相続人の子。子が亡くなっている場合は代襲相続人として孫（代襲相続人の孫がすでに死亡の場合は、ひ孫）。

第2順位

第1順位の相続人がいない場合、被相続人の父母。父母がすでに死亡の場合は祖父母等の直系尊属。

第3順位

上位の相続人がいない場合、被相続人の兄弟姉妹。兄弟姉妹がすでに死亡の場合は、代襲相続人としてその子である甥や姪（代襲相続人は甥や姪までです）。

　なお、連絡がとれない相続人がいる場合があります。戸籍謄本や戸籍附票（現在までの住所の移動がわかるはずです）を取り寄せたり、最終住所地に手紙を出すしかありません。それでも見つからない場合、家庭裁判所に不在者財産管理人選任の申し立てか、失踪宣告の申立をして、遺産分割などの話をすすめるしかありません。

　一番よくご質問があるのは、**再婚した相手の連れ子に相続する権利があるかどうかです。再婚後にその連れ子と被相続人が養子縁組をしない限り、相続する権利はありません。**実の親だと思っていたのに、亡くなった後に真実を知ってびっくりした上、相続する権利がなかったというケースがありました。

　次によく質問があるのは、**養子縁組した場合の養子の相続する権利です。養子の場合、原則、実親と養親の両方の相続する権利があります。**どちらか片方ではありません。

　この養子縁組は法定相続人が増え、基礎控除額が増える（税法上、実子がいる場合は1人、実子がいない場合は2人まで）ので相続税対策として有効です。しかし、誰を養子にするかでもめる原因となる場合があるので、慎重に検討する必要がある相続税対策です。なお、代襲相続人でない孫を養子にした場合、相続税の税額は2割加算とされます。

　残念ながら**内縁の妻は、同居をしていても、相続において相続人ではありません。**遺言や他に法定相続人がいなくて特別縁故者と認められない限り、他人のように取り扱われます。年金や健康保険とは取扱いが異なります。

長男の妻として義理の親の面倒を見てきた
私に相続する権利はありますか？

2019年7月1日以降に発生した相続について、親と同居して面倒をみてきた長男の妻（相続人ではありません）などに対して、相続を知って6か月以内または相続開始時から1年以内なら、その貢献を評価する特別寄与料（従来は相続人に対する寄与分しかありませんでした）という制度ができました。この額は遺贈として相続税の課税対象となり、税額は2割加算になります。しかし、寄与分をなかなか認めてもらえなかったのと同じく、相続人や家庭裁判所に貢献内容をどこまで認めてもらえるかにかかっています。

CHECK!! ここが重要! #07

☐ 相続人が誰か確定することは重要です。特に、夫婦間に子がいない場合、配偶者以外に被相続人の親や兄弟姉妹が相続人になります。配偶者のために遺言書などの対策が必要になることがあります。

③どんな財産に相続税がかりますか？

　相続税の課税対象となる財産は、被相続人に一身に専属したものを除き、被相続人の財産に属した一切の権利義務とされます。

①本来の相続財産

　民法は、被相続人が亡くなった時点において所有していた財産を本来の相続財産として遺産分割の対象としています。預貯金・現金などのほかに、土地・建物などの不動産、株式・公社債などの有価証券など、金銭に見積もることのできるすべての財産が相続税の課税対象になります。

　これには、日本国内に所在する財産のほか、日本国外に所在する財産も原則含まれます（最近、日本国外の財産の申告漏れを指摘されることが増えています。ご注意ください）。

　なお、家族名義の財産であるにもかかわらず、被相続人の財産として相続税が課税される預貯金や未登記の土地建物があります。

税務調査で問題になる名義預金とはどんな預金ですか？

　被相続人が預金名義だけ子などの相続人にしていて実質的に被相続人が管理している預金を名義預金といいます。この預金も相続税の対象です。名義預金は税務調査で本当によく聞かれます。また、通常、過去10年程度の被相続人や相続人の預金の動きを事前に確認した上で調査されるので、相続財産から漏れているとされる場合が多いです。

　名義預金でないと説明する場合、相続人名義の預金残高の内訳をきちんと説明できるようにしてください。相続人が自分で働いて得た金額、親から相続した金額は問題ないのですが、被相続人から生活費として毎月受け取っていた金額の余りについては被相続人の名義預金とされることが多いです。

なお、2021年10月から国税庁から金融機関への預貯金等照会業務のデジタル化が全国展開されます。業務効率化と回答日数の短縮が期待でき、これからは遠隔地の金融機関だから税務署にわからないということはなくなると思います。

よくある Q&A 生前に受け取った保険金には税金がかからないと聞いたのですが、本当ですか？

高度障害保険金やリビングニーズ保険金など**生前に受け取る保険金**があります。**これらの保険金は受取時の所得税は非課税ですが、全部使い切らないうちに被保険者がお亡くなりになった場合、残された現預金は相続税の課税対象になります。**受け取ったリビングニーズ保険金がほとんど手つかずに残っていて、死亡保険金の非課税枠が使えず、全額相続財産になったことがありました。

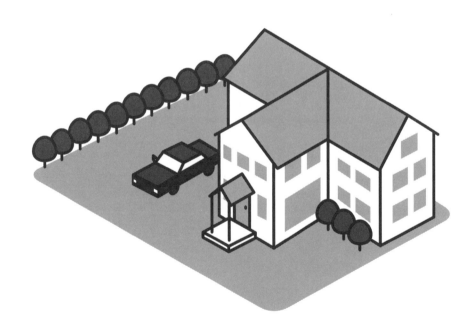

②みなし相続財産

　民法上の相続財産ではありませんが、被相続人の死亡により契約上受取人に指定されている者が受取る財産です。相続税の計算上、相続財産とみなして相続税の課税対象になります。次のようなみなし相続財産は民法の定める相続財産でなく、かつ、取得する人が決まっているので、遺産分割の対象になりません。

●死亡保険金（被相続人が保険料を負担した部分）

●死亡退職金

●生命保険契約に関する権利（被相続人が保険料を負担した部分で、まだ保険金の支払事由が発生していないもの）

●定期金（個人年金）に関する権利（被相続人が保険料を負担した部分）

●その他遺贈により取得したとみなされるもの

　ただし、相続人が受取った死亡保険金や死亡退職金のうち、それぞれ「500万円×法定相続人の数」までは非課税となります。

保険契約を見つけるのに良い方法はありますか？

　被相続人の死亡や認知判断能力の低下などに伴い、どの会社の生命保険に加入していたかを調べたくてもわからない場合があります。会社からの通知などによりそれぞれの会社に照合するしかなかったのですが、2021年7月から生命保険協会へ1照会当たり3,000円で一括照会できる**生命保険契約照会制度**ができました。照会者の本人確認資料、相続人と被相続人の関係を示す戸籍等、照会対象者の死亡診断書の写しを準備して生命保険協会に申し込みます。

**保険料負担者が亡くなった場合に
税金はかかりますか？**

生命保険契約に関する権利とは、保険料を負担している契約者
（保険の対象である被保険者ではありません）が死亡して、その
権利を相続人が解約返戻金の額（保険契約者が死亡した日に契約を解約
したものとした場合に支払われる金額で、前納保険料や配当金を含みま
す）で相続します。以後、相続人が保険料の支払実績を引き継ぎます。

2018年1月1日以後の契約者（＝保険料負担者）死亡による契約者
変更に関しては、解約返戻金の額が100万円超の場合、保険会社から新
契約者と所轄税務署に、相続税の対象となる解約返戻金の額を明記した
調書が発行されます。同様に、契約者変更により契約者でなくなった保
険料負担者が死亡した場合も、解約返戻金の額が相続税の対象とされま
すが、この場合は調書が出ません。ともに、相続税の申告で漏れがちな
のでご注意ください。

なお、個人年金についても、多くのご質問をいただきます。個人年金
保険の保険料支払中（年金受給権が未発生）に被保険者が死亡した場合、
死亡保険金が支払われます。これは相続税の対象で、死亡保険金の非課
税枠の対象です。

逆に、保険料支払終了後（年金受給権が発生後）に年金受給者が死亡
した場合、解約返戻金の額、一時金の額、年金年額に複利年金現価率を
乗じて計算した額のいずれか多い金額で相続税の対象となります。ただ
し、これは年金受給権の相続なので、死亡保険金の非課税枠の対象外で
す。

また、会社の福利厚生制度として、契約者が会社、被保険者が役員・
従業員、満期保険金の受取人が会社、死亡保険金の受取人が役員・従業
員の遺族になっている保険があります。この保険金について、会社の退

職金規程で退職金の全部または一部として遺族に支給することが明確になっている場合には退職手当等として500万円×法定相続人の数の非課税枠の適用があります。

　退職金とされない場合には役員・従業員が自ら保険料を支払っていた死亡保険金として、同じく、500万円×法定相続人の数の非課税枠の適用があります。

Q よくある 保険金受取人が被保険者より先に亡くなっていたのに受取人変更をしていませんでした。誰が保険金を受け取ることができますか？

&

A 保険金受取人が被保険者より先に死亡しているのに、受取人の変更をしていない契約があります。この場合、保険金受取人死亡時の法定相続人が約款に従って受取人となり、また受け取る割合も決まります。現在は法定相続人が均等に受け取る場合が多いです。しかし、相続人であることの証明のための戸籍謄本の取寄せが複雑になるので、忘れずに受取人の変更をしましょう。

　なお、死亡保険金を一時金で受け取るか、年金で受け取るかについても、多くのご質問を受けます。

　契約者（＝保険料負担者）と被保険者が同じ場合、一時金で受け取っても年金で受け取っても、いったん、一時金の額で相続税課税されます。一時金受取ならこれで課税は終わりなのですが、年金受け取りの場合、相続税課税されなかった部分に対し雑所得としての確定申告が毎年必要となります。どちらが有利かは年金受取総額と一時金額との差額次第なのですが、毎年所得が発生することになると社会保険料等への影響があるほか、低金利により差額部分が多くないためか、最近は一時金で受け取る方が増えています。

　保険期間の途中で保険料負担者が変更され、その後に保険金支払いがあった場合、保険金額を保険料負担割合に応じて税金を考えなければいけないのが難しいと悩んでいらっしゃる方が多いです。

　下の図のように分けて考えなければいけません。**保険料負担者を変更したからといって、保険期間の最初から全部の保険料負担者になるわけではありません。**2018年1月1日以後の支払調書では、Ⓐ 直前の保険契約者　Ⓑ 既払込保険料の内訳　Ⓒ 契約者変更の回数、がわかるようになりました。

契約者生存中の契約者変更の場合

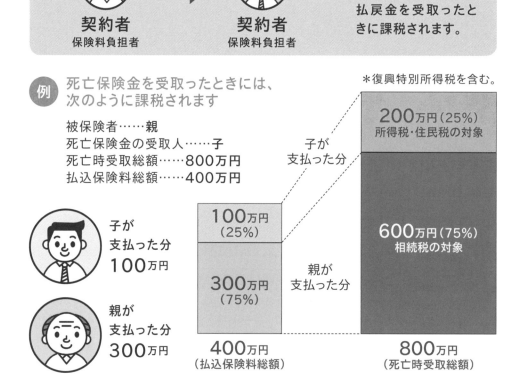

親　契約者　保険料負担者　→ 変更 → 子　契約者　保険料負担者

変更時点では課税されず、保険金や解約払戻金を受取ったときに課税されます。

例 死亡保険金を受取ったときには、次のように課税されます

＊復興特別所得税を含む。

被保険者……親
死亡保険金の受取人……子
死亡時受取総額……800万円
払込保険料総額……400万円

子が
支払った分
100万円

親が
支払った分
300万円

100万円（25%）

300万円（75%）

400万円
（払込保険料総額）

子が支払った分

親が支払った分

200万円（25%）
所得税・住民税の対象

600万円（75%）
相続税の対象

800万円
（死亡時受取総額）

③被相続人から取得した相続時精算課税適用財産

　被相続人から生前に贈与を受け、その際に相続時精算課税を適用していた場合、その財産は相続税の課税対象となります。

●この制度は、累計2,500万円までは贈与税の負担なしで財産を贈与できます。

　　ただし、**適用を受けた財産は、贈与金額が将来贈与者が亡くなったときに相続税の課税対象**となり、過去に支払った贈与税額を相続税の計算上精算します。

●**暦年贈与との選択制**です。一度選択すると、取り消しや変更はできません。

④被相続人から相続開始前3年以内に贈与により取得した暦年贈与適用財産

　被相続人から相続などによって財産を取得した**相続人が、被相続人が亡くなる前3年以内に被相続人から贈与を受けた財産は、相続税の課税対象**となります。

☐ 名義預金といわれる、相続人名義だけれど被相続人の預金とされる預金が一番問題です。しかし、お子様のお年玉を親がずっと預かり貯金してきたなら、これはお子様の貯金です。お子様の成人等を機会に通帳や印鑑をお子様に渡してあげてはいかがですか? 意外とスッキリしますよ!

☐ 生命保険や個人年金の評価は本当に複雑です。特に、保険料負担者が死亡した場合（契約者であっても、また、契約者変更ですでに契約者でなくなっていても）は解約返戻金の額で相続財産となります。相続税申告で漏れることが多いのでご注意ください。

特に、すでに契約者でなくなっている場合は調書が出ないので、個別に保険会社への照会が必要です。

MEMO

_____

_____

_____

_____

_____

_____

_____

_____

④相続財産から控除できる債務や葬式費用とは?

①控除できる債務

　被相続人の債務は、相続財産の価額から差し引かれます。差し引くことができる債務には、借入金や入院費用の未払金などのほか、被相続人が納めていない税金も含まれます。

　なお、**自宅を銀行等からの借入で購入している場合、通常、借入残高に団体信用生命保険契約がついています。この場合、保険金が借入金に自動的に充当されるので、借入残高を債務に計上してはいけません。**

　また、**保証債務や連帯保証債務も相続の対象**です。しかし、相続開始時に保証が求められておらず確実な債務といえない場合、債務控除はできません。

②控除できる葬式費用

　被相続人の葬式に際して相続人が負担した葬式費用は、相続財産の価額から差し引くことができます。

債務控除の対象となる債務・葬式費用（例）

	控除できるもの	控除できないもの
債務	● 借入金 ● 未払医療費 ● 未払所得税、住民税、固定資産税等 ● 死亡診断書費用	● 墓石や墓地購入の未払代金 ● 保証債務 ● 団体信用生命保険付借入金 ● 遺言執行費用 ● 相続にかかわる税理士費用・弁護士費用
葬式費用	● 通夜費用・火葬・埋葬・納骨費用 ● 遺体回送費用 ● お布施・戒名料 ● お手伝いいただいた方への心付け	● 香典返し費用 ● 墓石や墓地の買入費用 ● 四十九日や法事の費用 ● 親族の交通費・宿泊費

墓石、墓地、仏壇、位牌などは非課税財産とされています。購入を検討されている方は、生前に購入することをおすすめします。

　最近１日葬が増えたせいか、葬儀費用が低下してきています。時々、大きな金額をおっしゃるのでお聞きすると、立派な仏壇を死亡後に購入されていました。控除対象ではありませんとご説明するとがっかりされていました。

Q&A よくある

会社からの弔慰金は非課税と聞きました。全額非課税なのですか？

　被相続人の死亡に伴い、被相続人の勤務していた会社から受取る弔慰金等は、死亡退職金に該当すると認められるものを除き、業務上死亡の場合は月例給与の３年分、業務外死亡の場合は６か月分の金額までは相続税の課税対象としないこととされています。なお、非課税とされる金額を超える部分の金額は、死亡退職金として扱われます。

CHECK!! ここが重要! #09

☐ お寺への支払や葬儀をお手伝いいただいた方への心付けは、領収書がなくても控除できます。メモでよいので、一覧表を作成ください。

「会葬御礼」は、通夜や葬儀に参列した方に当日お渡しする返礼品のことをいい、控除できますが、「香典返し」は四十九日以降にお渡しする返礼品なので控除の対象外です。

実際に財産がいくらあるか、計算してみましょう

☑	種類	評価方法	評価額(万円)
☐	土地	路線価方式(路線価を調整した価額×土地面積)	
		倍率方式(固定資産税評価額×評価倍率)	
☐	建物	自宅・事業用：固定資産税評価額	
		マンション：土地(全敷地価額×持分割合)＋建物(固定資産税評価額)	
＊ 配偶者居住権設定の場合			
☐	建物配偶者居住権	固定資産税評価額－固定資産税評価額×(耐用年数－経過年数－存続年数)／(耐用年数－経過年数)×存続年数に応じた法定利率による複利現価率	
☐	建物所有権	固定資産税評価額－建物配偶者居住権の価額	
☐	敷地利用権	土地相続税評価額－土地相続税評価額×残存年数に応じた法定利率による複利現価率	
☐	敷地所有権	土地相続税評価額－敷地利用権の価額	
☐	借地権	路線価×地積×借地権割合	
☐	貸宅権	路線価×地積×(1－借地権割合)	
☐	貸家建付権	路線価×地積×(1－借地権割合×借家権割合0.3×賃貸割合)	
☐	貸家	固定資産税評価額×(1－借家権割合0.3×賃貸割合)	
☐	現金	手許保有高	
☐	預貯金	預貯金残高＋税引後経過利息	
☐	上場株式	相続開始日の終値と直前3か月の各月の終値平均額のもっとも低い額	
☐	利付公社債	市場価格＋税引後経過利息	
☐	非上場株式会社	規模により類似業種比準価額方式、純資産価額方式または、配当還元方式により算出した金額	
☐	生命保険金	死亡保険金額－(500万円×法定相続人の数)	
		生命保険契約に関する権利：解約返戻金の額(前納保険料の額や配当金を含む)	
☐	死亡退職金	死亡退職金額－(500万円×法定相続人の数)	
☐	ゴルフ会員権	取引相場があればその70%	
☐	自動車・バイク	業者への売却金額	
☐	家庭用財産	家具・電気製品・書籍等	
☐	その他 財産		
☐	債務	借入金・未払費用	
☐	葬式費用	支払金額	
	合計		(万円)

⑤生命保険金はどう利用しますか？

死亡保険金を受けとった場合

生命保険の死亡保険金には一定の非課税枠があります。

本人（契約者・被保険者）　**配偶者**　**長男**　**長女**

相続税法第12条
非課税枠

500万円 × 法定相続人の数

※ただし、契約者（保険料負担者）と被保険者が同一で、死亡保険金受取人が相続人だった場合

【計算例】　法定相続人の配偶者、長男、長女の3人の場合

500万円×3人＝1,500万円が 保険金の非課税枠 となります

財産が6,000万円であった場合、1,500万円の死亡保険金の非課税枠があれば基礎控除額4,800万円の範囲内となり、相続税の申告が不要となります。

生命保険加入	財産	うち保険金額	差引		基礎控除額	申告
なし	6,000万円	0万円	6,000万円	＞	4,800万円	必要
あり	6,000万円	1,500万円	4,500万円	＜	4,800万円	不要

　なお、死亡保険金は、500万円×法定相続人の数の非課税枠を控除して、課税価格に加えます。**死亡保険金受取人が1人であっても、その受取人が法定相続人であるならば、法定相続人数分の非課税枠全額が使えます。**

　また、**保険金には受取人を指定する効果があり、特定の人に財産を残す**のにとても有効です。保険金は原則として遺産分割協議の対象になりません。また、請求書類がそろっていれば4営業日以内と素早く支払ってくれます。

　ただし、**死亡保険金は受取人固有の財産なので、受け取った保険金を受取人ではない兄弟姉妹などの他の相続人に分けるのは贈与税の対象に**なります（受取人が複数の受取人を代表して全額を受け取る場合を除きます）。どうしても分けたい場合は、複数年に分けて、贈与税の基礎控除110万円を利用して上手に分けてあげてください。

よくある Q&A　死亡保険金は遺産分割しなくてもいいと聞きましたが、本当ですか？

保険金は受取人固有の財産なので遺産分割協議の対象にはなりません。しかし、相続財産の概ね50％より保険金額が多い場合などは、同居や貢献の事実、その他被相続人との関係や生活状況等の事情を総合考慮して特別受益として遺産分割の対象になることが例外的にあります。

CHECK!! ここが重要!　#10

☐ 死亡保険金は相続税対策で大きな力を発揮します。必ず有効活用を検討ください。

☐ 自分が受け取った死亡保険金を分けるという場合、贈与となってしまいます。贈与税の基礎控除を有効活用するなど分け方を考えてください。

⑥相続税はかかりますか？

　課税される遺産を、法定相続人が法定相続分で分けた前提で相続税の総額を計算します。その相続税総額を、実際にもらった遺産の額により按分して、各人の相続税額を計算します。

　その後、各人の税額控除額を計算・控除し、納付税額を決定します。

課税される遺産総額の計算方法

遺産の総額

●土地　●家屋　●一般の動産　●有価証券、預貯金、保険金（みなし相続財産）等　●被相続人からの相続開始前3年以内の贈与財産　●相続時精算課税を適用した贈与財産

課税価格（遺産の総額－非課税財産等控除部分）

課税価格	●死亡保険金の非課税枠 **500万円×法定相続人の数**[*1]
	●死亡退職金の非課税枠 **500万円×法定相続人の数**[*1]
	●債務・葬式費用
	←――――――――――　控除部分　――――――――――→

課税される遺産総額（課税価格－基礎控除額）

| 課税される遺産総額 | ●基礎控除額[*2] **3,000万円＋（600万円×法定相続人の数**[*1]**）** |

*1 法定相続人についてはP28をご参照ください。法定相続人の数とは、民法の法定相続人の数に、次の点を反映させたもの。　①養子がいる場合、1人を算入（養子が2人以上で実子がいない場合、2人まで）。　②相続放棄した者がいる場合も、放棄がなかったものとしてカウント。

*2 相続税法では、被相続人の残した遺産の総額から基礎控除額を控除することとされています（遺産を取得した者がそれぞれ基礎控除額を受けられるということではありません）。

課税される遺産総額の計算方法

法定相続分を基にした相続税額

「課税される遺産総額」を各相続人の法定相続分に分けて、それぞれに相続税の税率を掛け、各相続人ごとの相続税額を計算します。

相続税額　　相続税額　　相続税額

A 法定相続分に 応ずる取得金額	B 税率 (%)	C 控除額
1,000万円以下	10	-----
3,000万円以下	15	50万円
5,000万円以下	20	200万円
1億円以下	30	700万円
2億円以下	40	1,700万円
3億円以下	45	2,700万円
6億円以下	50	4,200万円
6億円超	55	7,200万円

※税額は上記速算表の(A)×(B)−(C)で計算して求めます。

これを合計して「相続税の総額」を計算します。
相続税の総額

各人が実際に納める相続税額

「相続税の総額」に実際に相続した遺産の課税価格の割合を掛け、「配偶者の税額軽減」等、税額に加減算するものを反映して、「各人が実際に納める相続税額」を計算します。

相続税額　　相続税額　　相続税額

相続税の総額	×	各人の課税価格 / 課税価格の合計額

相続人でない孫が保険金を受け取った場合、どんな税金がかかりますか?

相続人でない孫などが遺贈として受け取る死亡保険金は、前記相続財産といっしょに相続税の対象になります。そして、相続税の申告も、原則、いっしょに行うこととなります。

　孫は相続人でないので3年以内の贈与金額は相続税の対象にならないと思っていた方はご注意ください。**孫が保険金などの遺贈を受けた場合、3年以内の贈与金額は110万円の暦年贈与の基礎控除部分も含めて全額相続税の対象となります。**

ここは難問!

　財産目録に配偶者居住権（2020年4月〜）の計算方法を入れました。制度発足後11か月の登記実績は229件とあまり利用数は多くありません。相続について争いがなければ使う必要がないのですが、相続人が配偶者と前妻の子などの場合は、配偶者の居住権保護は必要だが配偶者死亡後は前妻の子に土地・建物ともに相続させたい場合には配偶者に配偶者居住権、前妻の子に配偶者居住権付所有権を相続させることもできます。

　また、配偶者居住権に供されている土地の敷地利用権には小規模宅地等の評価減が適用され、かつ、二次相続において敷地所有権者に無償で相続されるので、自宅が地価の高い都心の場合には検討の余地があります。相続税対策になるからです。

　配偶者居住権の計算は配偶者の平均余命を計算に使い法定利率（現行3%）の複利現価率で計算するなど複雑ですが、配偶者居住権は譲渡できないなどのデメリットを除いても二次相続で有利になる場合があるので、都心にお住まいの方は税理士などの専門家に個別に相談してみてください。

相続税額早見表

（単位：万円）

相続財産 課税価格・ 基礎控除前	配偶者がいる場合（一次相続）				配偶者がいない場合（二次相続）			
	子ども 1人	子ども 2人	子ども 3人	子ども 4人	子ども 1人	子ども 2人	子ども 3人	子ども 4人
5,000	40	10	0	0	160	80	20	0
6,000	90	60	30	0	310	180	120	60
7,000	160	113	80	50	480	320	220	160
8,000	235	175	138	100	680	470	330	260
9,000	310	240	200	163	920	620	480	360
10,000	385	315	263	225	1,220	770	630	490
12,000	580	480	403	350	1,820	1,160	930	790
14,000	780	655	578	500	2,460	1,560	1,240	1,090
16,000	1,070	860	768	675	3,260	2,140	1,640	1,390
18,000	1,370	1,100	993	900	4,060	2,740	2,040	1,720
20,000	1,670	1,350	1,218	1,125	4,860	3,340	2,460	2,120
25,000	2,460	1,985	1,800	1,688	6,930	4,920	3,960	3,120
30,000	3,460	2,860	2,540	2,350	9,180	6,920	5,460	4,580

※ 被相続人の遺産を法定相続人が法定相続分どおりに相続するものとして税額を算出しています（配偶者がいる場合には、配偶者の相続分について「配偶者の税額軽減」を適用しています）。

CHECK!! ここが重要！　#11

☐ 相続税の計算が難しいと思ったら、国税庁のホームページにある「相続税の申告要否判定コーナー」を使ってみてください。概算ですが、意外と使い勝手がいいです。

⑦不動産の評価はどのようにしますか？

　相続財産は原則として相続開始日の「時価」で評価します。評価が難しいのは、不動産、特に土地についてです。

①土地

　土地の評価方法には、路線価方式と倍率方式があります（固定資産税評価額からも概算できます）。

【路線価方式】

　路線価が定められている地域の評価方式です。路線価とは、路線（道路）に面する標準的な土地の１平方メートルあたりの価額のことで、千円単位で表示されています。市街地ではほとんどが路線価方式です。路線価は、毎年７月頃に公表され、国税庁ホームページで確認することができます。

　土地の価額は、路線価をその土地の形状等に応じた調整をした後、その土地の面積を掛けて計算します。

●路線価方式の評価例

記号	借地権割合
A	90%
B	80%
C	70%
D	60%
E	50%
F	40%
G	30%

1㎡あたりの価額を千円単位で表示しています。「215D」とあるのは、1㎡あたりの路線価が215,000円で、「D」とあるのは借地権割合が60%であることを示しています。

※ 100㎡の借地ならば、215千円×100㎡×60％＝12,900千円と計算します。

【倍率方式】

　路線価が定められていない地域の評価方法です。土地の価額は、その土地の固定資産税評価額（都税事務所や市区町村役場で確認してください）に一定の倍率を掛けて計算します。倍率は、国税庁ホームページで確認することができます。

●倍率方式の評価例

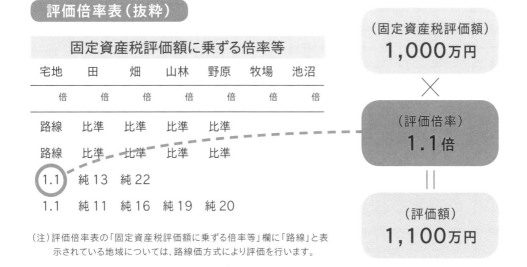

評価倍率表（抜粋）

宅地	田	畑	山林	野原	牧場	池沼
倍	倍	倍	倍	倍	倍	倍
路線	比準	比準	比準	比準		
路線	比準	比準	比準	比準		
1.1	純13	純22				
1.1	純11	純16	純19	純20		

固定資産税評価額に乗ずる倍率等

（固定資産税評価額）
1,000万円
×
（評価倍率）
1.1倍
‖
（評価額）
1,100万円

(注)評価倍率表の「固定資産税評価額に乗ずる倍率等」欄に「路線」と表示されている地域については、路線価方式により評価を行います。

　相続財産の評価で最も難しいとされるのが土地の評価です。

　しかし、市街地の正方形に近い自宅ならば、そう難しくはありません。少し詳しく説明してみます。

　なお、**路線価は、お亡くなりになった年の1月1日から12月31日までの間の相続税及び贈与税の財産を評価する場合に適用します。不動産が関係する相続や贈与の申告は7月の路線価の発表があるまで待たないといけません。**前年度の数値と異なる場合があるからです。

よくある Q&A 相続した土地の評価に必要な路線価を固定資産税評価額から計算するにはどうすればいいですか？

相続税がかかるかどうかを把握する場合、毎年5～6月に市区町村役場から通知のある固定資産税・都市計画税納税通知書で確認します。土地については、記載されている価格の1.14倍の額（相続税申告で使う路線価は時価の8割程度とされ、固定資産税評価額は時価の7割程度とされるので、8／7倍します）、家屋については固定資産税評価額をそのまま使います。

ただし、あくまでも概算なので、相続税申告が必要な場合は、路線価にP51から52の補正率をかけて正式に計算します。

なお、ご自宅がマンションの場合、敷地を多数の者で共有（敷地権といいます）しているので、敷地全体を評価した価額にその所有者の持分割合（登記簿謄本や売買契約書等に書いてあります）を乗じて評価します。

よく使う補正率

1. 奥行価格補正率表（道路に対して土地の奥行が短いか長い）

地区区分 奥行距離 （メートル）	ビル街 地区	高度 商業地区	繁華街 地区	普通商業・ 併用 住宅地区	普通 住宅地区
4未満	0.80	0.90	0.90	0.90	0.90
4以上 6未満	0.80	0.92	0.92	0.92	0.92
6〃 8未満	0.84	0.94	0.95	0.95	0.95
8〃 10〃	0.88	0.96	0.97	0.97	0.97
10〃 12〃	0.90	0.98	0.99	0.99	1.00
12〃 14〃	0.91	0.99	1.00	1.00	1.00
14〃 16〃	0.92	1.00	1.00	1.00	1.00
16〃 20〃	0.93	1.00	1.00	1.00	1.00
20〃 24〃	0.94	1.00	1.00	1.00	1.00
24〃 28〃	0.95	1.00	1.00	1.00	0.97
28〃 32〃	0.96	1.00	0.98	1.00	0.95
32〃 36〃	0.97	1.00	0.96	0.97	0.93
36〃 40〃	0.98	1.00	0.94	0.95	0.92
40〃 44〃	0.99	1.00	0.92	0.93	0.91
44〃 48〃	1.00	1.00	0.90	0.91	0.90

2. 側方路線影響加算率表

（正面と側方に道路がある角地の場合、価格の高い正面路線価に側方路線価に
加算率表を乗じたものを加算して価格を補正。準角地とは屈折部分の内側）

地区区分	加算率	
	角地の場合	準角地の場合
ビル街地区	0.07	0.03
高度商業地区・繁華街地区	0.10	0.05
普通商業・併用住宅地区	0.08	0.04
普通住宅地区 / 中小工場地区	0.03	0.02

3. 二方路線影響加算率表（正面と裏面に道路がある場合、価格の高い正面路線価に裏面路線価に加算率表を乗じたものを加算して価格を補正）

地区区分	加算率
ビル街地区	0.03
高度商業地区・繁華街地区	0.07
普通商業・併用住宅地区	0.05
普通住宅地区・中小工場地区・大工場地区	0.02

4. 間口狭小補正率表（道路に接する部分が狭い場合）

地区区分／間口距離（メートル）	ビル街地区	高度商業地区	繁華街地区	普通商業・併用住宅地区	普通住宅地区
4未満	−	0.85	0.90	0.90	0.90
4以上6未満	−	0.94		0.97	0.94
6〃 8〃	−	0.97			0.97
8〃 10〃	0.95				
10〃 16〃	0.97		1.00	1.00	
16〃 22〃	0.98	1.00			1.00
22〃 28〃	0.99				
28〃	1.00				

5. 奥行長大補正率表（間口にくらべて奥行が長すぎる場合）

奥行距離／間口距離	ビル街地区	高度商業地区 繁華街地区 普通商業・併用住宅地区	普通住宅地区
2以上3未満		1.00	0.98
3〃4〃		0.99	0.96
4〃5〃		0.98	0.94
5〃6〃	1.00	0.96	0.92
6〃7〃		0.94	
7〃8〃		0.92	0.90
8〃		0.90	

　上記5つ以外の補正が必要な場合、たとえば、土地の形が不整形地の場合などは、税理士等の専門家にご依頼することをおすすめします。

②建物

　原則として、**固定資産税評価額により評価**します。

CHECK!! ここが重要!　#12

☐ 土地の評価は、建物の評価と異なり、慣れない上、補正が必要となることもあり、難しく感じます。ただ、自分で計算してみて、所轄の税務署に確認してみれば、意外にスムーズにすすむこともあります。チャレンジする価値はあります。

ここは難問!

　「土地及び土地の上に存する権利の評価証明書」は、相続税申告書といっしょに提出します（国税庁のホームページからダウンロードできます）。

　第1表に、土地の所在地、所有者などを登記事項証明書から転記します。

　次に、地目、地積、路線価、間口距離、奥行距離、利用区分を記入し、補正率により、1平方メートル当たりの評価額を計算します。

　この価格に宅地面積を掛け、土地の評価額を計算します。

（第2表は貸宅地や借地権など土地に第三者の権利がある場合に使用します）。

土地及び土地の上に存する権利の評価明細書（第1表）

	局(所)	署	年分	ページ

（住居表示）	（ ）		住 所（所在地）			使用者	住 所（所在地）	
所 在 地 番		所有者	氏 名（法人名）				氏 名（法人名）	

地 目	地 積	路 線 価				地形図及び参考事項
宅 地　山 林 田　　雑種地 畑　　（　　）	㎡	正 面	側 方	側 方	裏 面	
		円	円	円	円	

間口距離	m	利用区分	自 用 地　私 道 貸 宅 地　貸家建付借地権 貸家建付地　転 貸 借 地 権 借 地 権　（　　　　　）	地区区分	ビル街地区　普通住宅地区 高度商業地区　中小工場地区 繁華街地区　大 工 場 地 区 普通商業・併用住宅地区	
奥行距離	m					

自用地1平方メートル当たりの価額	1　一路線に面する宅地 　（正面路線価）　　　　　　（奥行価格補正率） 　　　　　円　×　　.		（1㎡当たりの価額）　円	A
	2　二路線に面する宅地 　（A）　　［側方・裏面 路線価］（奥行価格補正率）　［側方・二方 路線影響加算率］ 　　円　＋　　円　×　.　　×　0.		（1㎡当たりの価額）　円	B
	3　三路線に面する宅地 　（B）　　［側方・裏面 路線価］（奥行価格補正率）　［側方・二方 路線影響加算率］ 　　円　＋　　円　×　.　　×　0.		（1㎡当たりの価額）　円	C
	4　四路線に面する宅地 　（C）　　［側方・裏面 路線価］（奥行価格補正率）　［側方・二方 路線影響加算率］ 　　円　＋　　円　×　.　　×　0.		（1㎡当たりの価額）　円	D
	5-1　間口が狭小な宅地等 　（AからDまでのうち該当するもの）（間口狭小補正率）（奥行長大補正率） 　　円　×　（　.　　　　）（　.　　　　）		（1㎡当たりの価額）　円	E
	5-2　不　整　形　地 　（AからDまでのうち該当するもの）　　不整形地補正率※ 　　円　×　0. ※不整形地補正率の計算 　（想定整形地の間口距離）　（想定整形地の奥行距離）（想定整形地の地積） 　　　m　×　　　m　＝　　　㎡ 　（想定整形地の地積）（不整形地の地積）÷（想定整形地の地積）（かげ地割合） 　（　　㎡－　　㎡）÷　　㎡　＝　　% （不整形地補正率表の補正率）（間口狭小補正率）（小数点以下2位未満切捨て）① 　　0.　×　　　＝　0. （奥行長大補正率）（間口狭小補正率）② 　　.　×　　　＝　0.　　不整形地補正率（①、②のいずれか低い率、0.6を下限とする。）		（1㎡当たりの価額）　円	F
	6　地積規模の大きな宅地 　（AからFまでのうち該当するもの）　規模格差補正率※ 　　円　×　0. ※規模格差補正率の計算 　（地積（Ⓐ））（Ⓑ）（Ⓒ）（地積（Ⓐ））（小数点以下2位未満切捨て） 　{（　㎡×　＋　）÷　㎡}　×　0.8　＝　0.		（1㎡当たりの価額）　円	G
	7　無　道　路　地 　（F又はGのうち該当するもの）　　　　　（※） 　　円　×　（　1　－　0.　） ※割合の計算（0.4を上限とする。） 　（正面路線価）（通路部分の地積）（F又はGのうち該当するもの）（評価対象地の地積） 　（　円　×　　㎡）÷（　円　×　　㎡）＝　0.		（1㎡当たりの価額）　円	H
	8-1　がけ地等を有する宅地　　〔南、東、西、北〕 　（AからHまでのうち該当するもの）（がけ地補正率） 　　円　×　0.		（1㎡当たりの価額）　円	I
	8-2　土砂災害特別警戒区域内にある宅地 　（AからHまでのうち該当するもの）　特別警戒区域補正率※ 　　円　×　0. ※がけ地補正率の適用がある場合の特別警戒区域補正率の計算（0.5を下限とする。） 　　　　　　　　〔南、東、西、北〕 （特別警戒区域補正率表の補正率）（がけ地補正率）（小数点以下2位未満切捨て） 　　0.　×　0.　＝　0.		（1㎡当たりの価額）　円	J
	9　容積率の異なる2以上の地域にわたる宅地 　（AからJまでのうち該当するもの）　（控除割合（小数点以下3位未満四捨五入）） 　　円　×　（　1　－　0.　）		（1㎡当たりの価額）　円	K
	10　私　　　道 　（AからKまでのうち該当するもの） 　　円　×　0.3		（1㎡当たりの価額）　円	L

	自用地1平方メートル当たりの価額 （AからLまでのうちの該当記号）	地 積	総　　　　　　額 （自用地1㎡当たりの価額）×（地 積）	
自用地の評価額	（　　）　円	㎡	円	M

（注）1　5-1の「間口が狭小な宅地等」と5-2の「不整形地」は重複して適用できません。
　　2　5-2の「不整形地」の「AからDまでのうち該当するもの」欄の価額について、AからDまでの欄で計算できない場合には、（第2表）の「備考」欄等で計算してください。
　　3　「がけ地等を有する宅地」であり、かつ、「土砂災害特別警戒区域内にある宅地」である場合については、8-1の「がけ地等を有する宅地」欄ではなく、8-2の「土砂災害特別警戒区域内にある宅地」欄で計算してください。

（資4-25-1-A4統一）

⑧相続税の有利な特例とは？

　次の2つの特例はとても重要です。ともに、特例の適用により相続税を支払わなくてもよい場合も、期限内の相続税の申告が必要となります。

①配偶者の税額軽減の特例

　被相続人の配偶者の課税価格が1億6,000万円または法定相続分相当額のいずれか多い方までであれば、配偶者に相続税はかかりません。

　ただし、相続税の申告期限までに分割されていない財産は税額軽減の対象になりません。

②小規模宅地等についての相続税の課税価格の計算の特例

　被相続人等の居住用・事業用宅地等がある場合に、居住や事業の継続のため、一定の要件を満たす場合は、**相続税の課税価格に算入すべき価額の計算上、一定割合を減額します（土地のみが対象で、家屋は対象外です）。**

　たとえば、4,000万円の**居住用宅地（330㎡以内）は、80％減額**され、800万円で評価されます。

利用区分	取得者	要件	効果
被相続人の居住用宅地等	配偶者	なし	
	同居親族	相続税の申告期限まで引き続き居住かつ保有	
	同居していない親族	①被相続人に配偶者や同居の相続人がいない ②別居親族が取得し、相続税申告期限まで所有 ③別居親族が過去3年間その者の3親等内の親族またはその者と特別の関係のある法人が所有する国内にある持家に住んでいない ④相続開始時において居住の用に供していた家屋を過去に所有していたことがない	特定居住用宅地等330㎡まで80％減額

なお、贈与により取得した宅地等については、この特例の適用を受けることはできません。

また、相続税の申告期限までに分割協議を終えていない宅地等は評価減の対象になりません。

居住用宅地等の面積が330㎡を超える場合は、330㎡（限度面積）までは80％減額、330㎡を超える部分は減額なしとなります（事業用宅地等・貸付事業用宅地等も同様に、限度面積までは所定の割合が減額されます）。

利用区分	限度面積	効果
事業用宅地等	400㎡	80％減額
貸付事業用宅地等	200㎡	50％減額

複数の特例適用

居住用宅地等と事業用宅地等の併用⇒合計730㎡

貸付事業用宅地等も併用⇒事業用宅地等×200/400

　　　　　　　　＋居住用宅地等×200/330＋

　　　　　　　　貸付事業用宅地等≦200㎡

なお、小規模宅地等の評価減は、適用できるかも含めて慎重な判断が必要です。ご自身で相続税申告書を作成される場合、必ず、所轄税務署に確認しながらご準備ください。

また、**複数の不動産がある場合、どの不動産に小規模宅地等の評価減を適用するかが重要です。不動産の価額だけで決めるのではなく、相続人全員で、二次相続も含めて慎重に検討する必要があります。**一般的には、配偶者の税額軽減のある配偶者以外が相続する不動産に適用することが多いとされています。

　さらに、**被相続人が介護のため老人ホームに入居して空き家になって しまった場合でも特例が使える**場合があります。しかし、空き家にして おくのがもったいないからと賃貸にしてしまうと、小規模宅地等の評価 減でも貸付事業用宅地等と判断されることがあるので注意が必要です。

　また、**いわゆる二世代住宅の敷地でも、建物が区分登記されていなけ れば、敷地全体に特例の適用が使える**場合があります。

CHECK!! ここが重要!　　#13

- [ ] この二つの特例は本当に重要です。特に、配偶者の税額軽減 の特例は、相続人が配偶者一人ならば、相続財産が10億円 でも相続税がかからないことを意味します。

- [ ] 都心部の相続では小規模宅地等の評価減は必ずといっていい ほど使われる特例です。忘れずに検討してください。

⑨遺言書とは？

遺言には、大きく分けて「公正証書遺言」と「自筆証書遺言」があります。その特徴は以下の通りです。

	公正証書遺言	自筆証書遺言
概要	公証役場で2人以上の証人の立ち会いのもとに、遺言の内容を公証人に口述し、公証人が遺言書を作成。	遺言の本文、日付、氏名を自書し、押印する。財産目録は、パソコンによる作成や、登記簿謄本や通帳のコピーで対応可能。ただし、ページごとに自署押印が必要。
長所	公証人が作成するので手続き上、無効になるおそれがない。偽造、変造、紛失の危険性がない。	費用がかからない。 手軽に作成でき、変更が容易。 内容、存在が秘密にできる。
短所	内容が他人に知られてしまう。 費用がかかる。 証人が必要。	形式の不備や内容が不明確で、遺言が無効になるおそれがある。偽造、変造、隠匿のおそれがある。家庭裁判所の検認が必要。(※)

＊2020年7月10日から法務局での保管制度が開始。これを利用すれば、家庭裁判所での検認は不要。形式面の有効性が確認できる。

2017年度の法務省の調査によると、55歳以上で自筆証書遺言を作成したことのある人は3.7％、公正証書遺言を作成したことのある人は3.1％となっています。あわせても6.8％と少ないです。

　遺言書（自分の大切な財産をどう相続人に引き継ぐかの遺言者の意思表示）があれば、原則として遺言で指定された人が遺産を取得します。しかし、遺言書はまだあまり利用されていないため、法定相続人が協議して遺産分割を行うことが多いです。

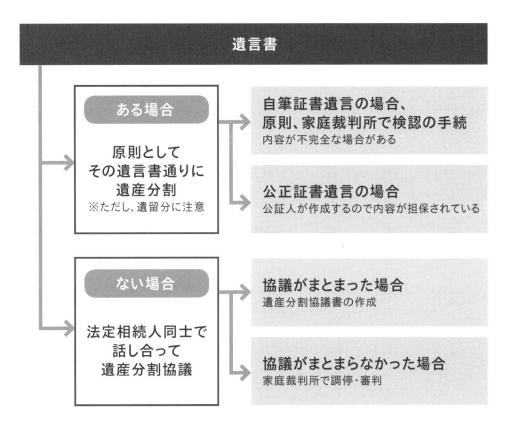

　遺言は、遺言者の意思が財産分割に反映され、相続人間の争いが避けられるもっとも有効な手段です。

　「争族」になるのを防ぐため遺言書を作成しておくことは大切です。

　特に、夫婦間に子どもはいないが兄弟姉妹がいる人、内縁関係の妻がいる人、独身や身寄りのない人、事業承継をスムーズにしたい人の場合は遺言書を作成することをおすすめします。「全財産は妻に相続させる」でもいいのです。

遺　言　書

第1条　遺言者は、遺言者の所有する下記の不動産を、
　　　　(続柄)＿＿＿＿＿＿＿＿＿＿＿　(昭和　　年　　月　　日　生)に相続させる。

　(1) 土地
　　　　所　　在　　　　　　県　　市　　町　　丁目
　　　　地　　番　　　　　　番
　　　　地　　目　　　　　　宅地
　　　　地　　積　　　　　　平方メートル

　(2) 建物
　　　　所　　在　　　　　　県　　市　　町　　丁目　　番地
　　　　家屋番号　　　　　　番
　　　　種　　類　　　　　　居宅
　　　　構　　造　　　　　　木造瓦葺2階建
　　　　床面積　　　　　　　1階　　平方メートル
　　　　　　　　　　　　　　2階　　平方メートル

第2条　遺言者は、遺言者の所有する下記の預貯金を、
　　　　(続柄)＿＿＿＿＿＿＿＿＿＿＿＿＿　(昭和　　年　　月　　日　生)に相続させる。
　　　　　　　　　　　銀行　　　　支店　　定期預金　　口座番号

第3条　遺言者は、上記1及び2の財産以外の預貯金、有価証券その他一切の財産を、
　　　　(続柄)＿＿＿＿＿＿＿＿＿＿＿　(昭和　　年　　月　　日　生)に相続させる。

第4条　遺言者は、この遺言の遺言執行者として、次の者を指定する。
住　　所　　　　　県　　市　　町　　丁目　　番地
職　　業
氏　　名
生年月日　　　昭和　　年　　月　　日

令和　　年　　月　　日
　　　　住所　　　　県　　市　　町　　丁目　　番地

　　　　＿＿＿＿＿＿＿＿＿＿＿＿＿＿＿＿＿印

　2020年7月10日から、法務局での自筆証書遺言の保管制度が開始されました。2021年1月までに、13,751件の保管実績がありました。自分も利用してみましたが、意外と簡単です。

　これは、3,900円の手数料で、法務局で自筆証書遺言を形式的にチェックしてもらった上で保管してもらえる制度です。公正証書遺言の方が確実性は高いのですが、手数料が比較的高いこと、証人が2人必要なことから使いにくかったのです。

　自筆証書遺言の保管制度は手軽で、かつ、家庭裁判所の検認が不要という大きなメリットがあります。ぜひ、活用してください。

　なお、遺言の内容を変えたい場合は、遺言の形式に関わらず、日付の新しい遺言書を作成すれば、内容が抵触する部分について日付の新しい部分が常に優先されるものとされます。

　また、遺言書作成は無理でも、エンディングノート（これも最後につけてあります）に自分の想いを残すことはおすすめします。子は親のことを知っているようで知らないもの、特に就職等で遠隔地に暮らしていればなおさらです。親に書いてもらうのではなく、親子で話をしながら中身を埋めていくのがいいかもしれません。

　さらに、これはとても重要なのですが、銀行のキャッシュカードの暗証番号のほかに、デジタル財産（パソコンやスマホまたはネット銀行やネット証券）のID・パスワードを残してください。これがわからないため、苦労している相続人が多くいらっしゃいます。

　なお、うちには財産が少ないからもめないとおっしゃる方が多いのですが、実際に家庭裁判所でもめているのは、遺産価額5,000万円以下のご家庭が7割を超えています。財産が少ないほどもめる、特に自宅が遺産の多くを占めるご家庭はもめる可能性が高いようです。

　しかし、分割しづらいといって、安易に不動産を共有するのは避けてください。何事を決めるにも共有者の同意が必要となり、将来、きっと困ることになります。

ただし、相続した不動産を売却する場合、共有をおすすめする場合が
あります。地方を中心に売却できないリスクを共有してもらうためです。
また、相続した不動産を売却する場合の有利な税制がないかもあわせて
検討しておいた方がいいと思います。

CHECK!! ここが重要! #14

- [ ] 遺言書は、元気なうちに、自分の想いをカタチにするために
  ぜひ残しましょう。公正証書遺言がよいのですが、法務局保
  管の自筆証書遺言でも十分です。家庭裁判所の検認が不要と
  いうのは大きなメリットです。

⑩遺産はどのように分けるのですか？

　民法は、遺言や法定相続人全員の同意がない場合の財産を受け継ぐことができる割合を定めています。これが法定相続分です。遺言がある場合には、遺言に従って指定された者が財産を取得するのですが、法定相続人全員と遺言執行者の同意があれば、遺言があっても自由に相続割合を遺産分割協議で決めることができます。

法定相続分と遺留分

	法定相続分	遺留分
配偶者と子 （または孫）	配偶者1/2	配偶者1/4
	子（孫）1/2	子（孫）1/4
配偶者と父母 （または祖父母）	配偶者2/3	配偶者1/3
	父母（祖父母）1/3	父母（祖父母）1/6
配偶者と兄弟姉妹 （または甥・姪）	配偶者3/4	配偶者1/2
	兄弟姉妹（甥・姪）1/4	兄弟姉妹（甥・姪）なし
配偶者のみ	全部	1/2
子（または孫）のみ	全部	1/2
父母（または祖父母）のみ	全部	1/3
兄弟姉妹（または甥・姪）のみ	全部	なし

※なお、子・父母・兄弟姉妹がそれぞれ2人以上いるときは、原則として均等に分けます。

　相続人である子が未成年の場合、同じく相続人である親と利害が反するので、家庭裁判所に特別代理人の選任の申立てが必要になります。この申立てには遺産分割協議書案を添付する必要があるのですが、家庭裁判所は、原則、子が法定相続分を相続することを要求します。しかし、子が幼い場合などでは何度かやりとりをしているうちに、親が多めに相続する場合もありました。

遺産分割協議書

令和　　年　　月　　日に死亡した＿＿＿＿＿＿＿の遺産について、共同相続人

＿＿＿＿＿＿＿＿＿、＿＿＿＿＿＿＿、＿＿＿＿＿＿の相続人全員による遺産分割協議の結果、

下記のとおりに財産を取得することに合意した。

1. 相続人＿＿＿＿＿＿＿＿は次の財産を取得する。

　（1）土地

　　　　所　　在：　　　　県　　　市　　　町　　　丁目

　　　　地　　番：　　　　番

　　　　地　　目：　宅地

　　　　地　　積：　　　　　．　平方メートル

　（2）建物

　　　　所　　在：　　　　県　　　市　　　町　　　丁目　　番地

　　　　家屋番号　　　　番

　　　　種　　類：　居宅

　　　　構　　造：　　木造瓦葺　　階建

　　　　床面積：　　1階　　．　平方メートル　　2階　　．　平方メートル

　（3）預貯金　　　　　銀行　　　支店　普通預金　口座番号

　　　　　　　　　　　　銀行　　　支店　定期預金　口座番号

2. 相続人＿＿＿＿＿＿は次の財産を取得する。

　（1）現金　　金　　　　　　円

　（2）株式　　　　株式会社株式　　　　　株

3. ＿＿＿＿＿＿＿は、第1項記載の財産を取得する代償として、＿＿＿＿＿に令和　年　月日までに、

　　金＿＿＿＿＿＿円を支払う。

4. 本協議書に記載のない財産及び後日判明した財産については、相続人＿＿＿＿＿＿がこれを取得する。

以上のとおり、相続人全員による遺産分割協議が成立したので、本協議書を＿＿＿＿＿通作成し、署名押印のうえ、

各自1通ずつ所持する。

　令和　　年　　月　　日

　【相続人　　　　の署名押印】

　　　　　　住所　　　　　　　　　　　　　　　　　氏名　　　　　　　　実印

　【相続人　　　　の署名押印】

　　　　　　住所　　　　　　　　　　　　　　　　　氏名　　　　　　　　実印

　【相続人　　　　の署名押印】

　　　　　　住所　　　　　　　　　　　　　　　　　氏名　　　　　　　　実印

1 遺産分割協議書の形式や書式に特に決まったルールはありません。縦書きでも横書きでもどちらでもよく、もちろんワープロで印字しても構いません。ただし、トラブル防止のため、相続人の氏名は必ず自署してください。

2 土地や建物などの不動産は、登記簿謄本（登記事項証明書）に記載されている通りに、正確に記載しましょう。少しでも間違っていると、法務局で名義変更の手続きが受け付けられない可能性もあります。

3 預貯金、車、株式等の遺産や債務は漏れなく記載しましょう。できるだけ財産を特定できるように正確に記載します。ただし、預貯金の金額までは不要です。

4 代償分割（ある相続人が遺産を取得する代わりに他の相続人に金銭を支払う）の場合、代償金額と支払期限を明確にしておきましょう。

5 万が一、後日新たな遺産が判明した場合に備えて、第4項の文言を入れておくとトラブルを避けられます。

6 相続人全員の署名と実印の押印が必要です。相続人同士平等に保管しておくため、相続人の数だけ同じものを作成しておいた方がよいです。

二次相続も考えて、どのように遺産分割すればいいですか？

二次相続を考えて遺産分割をしたいというご相談が多いです。

その多くが、一次相続において、配偶者でなく子への配分を多くしたいとのご相談です。相続税だけを考えれば、法定相続割合で分割したほうが、税金面では有利になることが多いのは確かです。

しかし待ってください。その遺産は、誰が残してくれたのでしょうか？

世間でよく見る二次相続の計算では、一次相続で相続した財産を配偶者が使わずに、配偶者が自分の財産でその後暮らし、被相続人からの財産をそのまま残すという前提での計算が多いと思います。でも、そんなに多くの自分の財産を持っている配偶者は少ないと思います。

先祖代々の財産ならともかく、夫婦がいっしょに築いた財産の遺産分割の在り方としては、配偶者、特に妻が夫の死後長く生きる可能性が高いこと、最終的に有料の施設に入居する可能性が高いことを考えれば、配偶者に多めに配分するのが望ましいと考えています。一次相続で法定相続割合または1億6,000万円までの配偶者の税額軽減を使った上で、二次相続では、それでも残った財産が有れば子が相続するのでもいいのではと思っています。親にはできたら心豊かに老後をおくってほしいのですが、そんな親の老後を考えない、ある意味残念なご相談も多く、悲しくてやりきれないことがあります。

CHECK!! ここが重要! #15

☐ 遺産分割は、配偶者の老後を考えて協議することをおすすめします。

Part.3

贈与で
おさえてほしいポイント

1 どんな時に 贈与が成立しますか?

　贈与税は、個人から財産をもらったときにかかる税金です。あげる人を贈与者、もらう人を受贈者といいます。

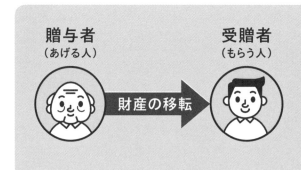

| 贈与者
(あげる人) | 財産の移転 → | 受贈者
(もらう人) | 「贈与は、当事者の一方が自己の財産を無償で相手方に与える意思を表示し、相手方が受諾をすることによって」その効力を生じます。(民法第549条)贈与は、「贈与者」と「受贈者」、両方の意思表示が必要です。 |

　贈与契約は、贈与者と受贈者との合意により成立します。また、未成年でも法定代理人（通常は親権者）の同意で成立します。

　贈与を行う際には、後日、税務署から贈与が成立していないと指摘されないように細心の注意が必要です。

　そのためには、

①**贈与するたびに、毎年贈与契約書を作成**する（原本を2部作成し、贈与者と受贈者が各1部保管する）。

②銀行振込など、**贈与の事実を証明できる方法で贈与を実行**する。

③**預金通帳や金融機関の届出印は受贈者が管理**する。

④贈与税の申告をする（贈与税の基礎控除額110万円以下の場合は申告不要）。

など、贈与の事実を証明できるように準備する必要があります。

　なお、「毎年同額の贈与はしない方がよい」「毎年同じ時期の贈与は避けた方がよい」などといわれることがありますが、贈与の実態があれば問題はありません。

贈与契約書

贈与者　　　　　　　　（「甲」）と 受贈者　　　　　　　　（「乙」）との間で、

下記の通り、贈与契約を締結した。

　　第1条　甲は、乙に対し　　　　　　　　万円を贈与するものとし、
　　　　　　乙はこれを承諾した。

　　第2条　甲は、当該金銭を　　　　年　　　月　　　日 までに
　　　　　　乙に引き渡すこととする。

上記契約の証として本契約書を作成し、甲、乙各1通保有する。

　　　　　　　　　　　　　　　　　　令和　　　年　　　月　　　日

甲　　（住所）
　　　（氏名）　　　　　　　　　　　　　　印

乙　　（住所）
　　　（氏名）　　　　　　　　　　　　　　印

贈与税の課税には、「暦年贈与」と「相続時精算課税」の２つがあります。（選択適用）

	暦年贈与	相続時精算課税
贈与者	誰でも可	60歳以上の父母または祖父母
受贈者	誰でも可	20歳以上＊の子または孫
基礎控除額	毎年110万円	贈与者1人あたり累計2,500万円
贈与税率	10％～55％の累進税率	累計2,500万円超過部分につき一律20％
相続時の取扱い	相続開始前3年以内の受贈財産の額は加算	受贈財産のすべてを相続財産額の額に加算
	上記加算に対応する納付済贈与税額は相続税額から控除	納付済贈与税額は相続税額から控除
申告と納税	110万円超を受贈した翌年2/1～3/15	2,500万円以内でも受贈した翌年2/1～3/15
申告先	受贈者の住所を所轄する税務署	

＊2022年4月以降は「18歳以上」（詳細は74ページ）

　相続時精算課税制度は、最終的に相続税がかかることもあり、あまり活用されていません。活用されるとしたら、都心の賃料収入の期待できる賃貸用不動産や相続税のかからない方の遺産分割対策です。

　なお、毎年コツコツ暦年贈与するのが最も有効です。10年とか時間をかけて暦年贈与を行ってください。多くの財産を渡すことができます。

　しかし、**被相続人が亡くなる前3年以内の相続人への贈与は基礎控除の110万円も含め全額加算されます**。逆に、相続人でなければいいので、代襲相続人や遺贈を受け取らない孫や子の配偶者などへの贈与は加算の対象外です。

　ただし、この**暦年贈与が、近い将来、見直しの対象**となりそうです。国税庁によると、2019年に約44万6千人が暦年贈与を利用し、これは10年前と比較すると約54％増えています。申告義務のない110万円以内の暦年贈与も多く行なわれています。

　富裕層を中心に、多少贈与税がかかっても、全体の税負担を減らそうという動きが根強くあり、2021年度税制改正の中で、相続税と贈与税の在り方全般の見直しについて言及がありました。

　贈与税を相続時精算課税に一本化するか、現行の枠組みを維持しつつ今は3年とされる生前贈与加算を10年以内と強化するか、2親等の孫への贈与も対象にするかなどが考えられます。

CHECK!! ここが重要！　#16

■　贈与が成立しているか、心配される方は本当に多いです。69ページの贈与契約書は必ず贈与のたびにご準備ください。

② 贈与税の計算方法は?

贈与税額の計算は、相続税額の計算と違い簡単です。

贈与税の計算方法

$$贈与財産の価額（資産価値） - 110万円（基礎控除額） \times 税率 - 控除額$$

　暦年贈与に係る贈与税の税額速算表は次のページの通りです。2015年1月1日以降、直系尊属から、贈与を受けた年の1月1日において20歳以上＊（74ページ参照）の子や孫へ行われた贈与については「特例税率」を適用して税額を計算します（この財産を「特例贈与財産」といい、その他の「一般贈与財産」と分けます）。

　なお、特例贈与と一般贈与の両方の贈与がある場合、基礎控除額110万円はそれぞれから差し引くのではなく、特例贈与と一般贈与を合計した金額から差し引いたうえで、その残額に対しそれぞれの税率を適用して算出した税額にそれぞれの財産の額の占める割合を乗じて計算し、その合計額を贈与税額とします。

　ただし、次の場合には贈与税はかかりません。

（1）　法人から財産をもらったときは、贈与税ではなく、所得税等がかかることになっています。

（2）　見舞金は社会通念上相当であれば非課税とされます。ただ、いくらの金額なら相当なのかの判断は難しく、世間的な水準などから個別に判断せざるを得ません。

（3）　**扶養義務者から生活費や教育費として贈与を受けた財産のうち、通常必要と認められるものに贈与税は課税されません。**

贈与税額速算表

贈与税額＝(A)×(B)－(C)

基礎控除後の金額 (A)	贈与税（特例税率）		贈与税（一般税率）	
	税率(B)	控除額(C)	税率(B)	控除額(C)
200万円以下	10%	－	10%	－
200万円超300万円以下	15%	10万円	15%	10万円
300万円超400万円以下			20%	25万円
400万円超600万円以下	20%	30万円	30%	65万円
600万円超1,000万円以下	30%	90万円	40%	125万円
1,000万円超1,500万円以下	40%	190万円	45%	175万円
1,500万円超3,000万円以下	45%	265万円	50%	250万円
3,000万円超4,500万円以下	50%	415万円	55%	400万円
4,500万円超	55%	640万円		

　なお、もともと夫婦や親子、兄弟姉妹などの扶養義務者から「通常必要と認められる生活費や教育費」を取得した場合、贈与税はかかりません。これが認められるのは、必要な都度、直接これら生活費や教育費に充てられるものに限られます。

　たとえば、孫の大学入学金を祖父母が払ってあげても、それは「通常必要と認められる生活費や教育費」に該当する場合があり、そうであれば非課税になります。

　ただし、生活費や教育費の名目で贈与を受けた場合であっても、預金として預入れたままにしている場合や、株式・不動産などの購入資金に充てた場合には贈与税がかかります。

　なお、子や孫の奨学金の返済を親や祖父母が払ってあげた場合は、子や孫の債務の返済となるため、贈与税の対象となります。

贈与税額早見表（暦年贈与の場合）

贈与財産 （基礎控除額）	20歳以上の者が直系尊属から 贈与を受けた場合＊		左記以外の場合	
	贈与税	負担率	贈与税	負担率
100万円	0円	0.0%	0円	0.0%
200万円	9万円	4.5%	9万円	4.5%
300万円	19万円	6.3%	19万円	6.3%
400万円	34万円	8.5%	34万円	8.5%
500万円	49万円	9.8%	53万円	10.6%
600万円	68万円	11.3%	82万円	13.7%
700万円	88万円	12.6%	112万円	16.0%
800万円	117万円	14.6%	151万円	18.9%
900万円	147万円	16.3%	191万円	21.2%
1,000万円	177万円	17.7%	231万円	23.1%
1,200万円	246万円	20.5%	316万円	26.3%
1,400万円	326万円	23.3%	406万円	29.0%
1,600万円	406万円	25.4%	496万円	31.0%
1,800万円	496万円	27.6%	595万円	33.1%
2,000万円	586万円	29.3%	695万円	34.8%

※負担率＝贈与税÷贈与財産の価額。負担率は小数点第2位を四捨五入。

＊2018年の民法の一部改正により、2022年4月1日から成年年齢が20歳から18歳に引下げとなります。これに伴い、相続税・贈与税についても「18歳以上」となります。

CHECK!! ここが重要！ #17

- [ ] 夫婦、親子などの扶養義務者からの生活費や教育費の支払いは、直接支払えば贈与にならないことがあります。

③ 贈与税の有利な特例とは？

①配偶者間の居住用不動産（または取得資金）の贈与

　婚姻期間が20年以上の夫婦の間で、居住用不動産や居住用不動産を取得するための金銭の贈与が行われた場合、基礎控除額110万円のほかに最高2,000万円までは課税されないという**特例**があります。ただし、この贈与は同じ配偶者からは1度しか受けることができません。なお、**贈与を受けた翌年に贈与税の申告が必要**です。

　この配偶者からの居住用不動産（または取得資金）の贈与は、たとえ相続開始前3年以内の贈与であっても、相続財産の価額に加算されません。

　また、今住んでいる居住用不動産を配偶者に贈与する場合、将来の売却を考えれば、居住用財産の譲渡の特例（3,000万円の特別控除）がそれぞれ使えるために、土地・家屋両方を贈与することをおすすめします。

　この贈与により、2,000万円までは贈与税の負担なく配偶者へ財産を移転できますが、不動産取得税、登録免許税、登記費用がかかるため、注意が必要です。

②直系尊属からの住宅取得等資金の贈与

　2021年12月31日までの間に、父母や祖父母の直系尊属から20歳以上の子や孫が住宅取得等資金の贈与を受けた場合、住宅取得等資金のうち一定額について非課税となります。なお、**贈与を受けた翌年に贈与税の申告が必要**です。2022年以降の贈与については2022年度税制改正で制度の存続も含めて詳細を確認するようにしてください。

住宅用の家屋の新築等に係る対価等の額に含まれる消費税等の税率が10%である場合

住宅用家屋の新築等に係る契約の締結日	非課税限度額	
	省エネ等住宅	左記以外の住宅
2019年4月1日〜2020年3月31日	3,000万円	2,500万円
2020年4月1日〜2021年12月31日	1,500万円	1,000万円

※所得金額・床面積要件
①合計所得金額　1,000万円超2,000万円以下の時　床面積50㎡以上240㎡以下
②　　　〃　　　1,000万円以下の時　　　　　　床面積40㎡以上240㎡以下

　直系尊属からの住宅取得等資金の贈与は、非課税適用額であれば、たとえ相続開始前3年以内の贈与であっても、相続財産の価額に加算されません。また、この非課税制度は、暦年贈与の基礎控除額（110万円）、または相続時精算課税制度の特別控除額（2,500万円）と併用できます。

③直系尊属からの教育資金の一括贈与

　2013年4月1日から2023年3月31日までの間に、父母や祖父母等の直系尊属から、30歳未満の子や孫が金融機関等との教育資金管理契約に基づき教育資金の贈与を一括して受けた場合、そのうち1,500万円（うち、学校等以外は500万円）までは非課税とされます。

　ただし、受贈者が30歳になった場合、残額があれば、原則その年の贈与税の課税価格に算入されます。

　少し手続きが煩雑ともいわれるこの一括贈与については、2021年4月1日から、原則、贈与者死亡時の残高が相続税の対象となり、しかも、相続税の2割加算の対象となりました。

　それでも、贈与者死亡時に受贈者が23歳未満や在学中の場合、相続税の対象にならないので有利な特例です。

非課税拠出の行われた時期	受贈者の前年所得	ア. 契約終了日前に贈与者が死亡した場合	アの場合の相続税負担
2013年4月1日〜2019年3月31日	—	● 相続財産の価額への加算なし	なし
2019年4月1日〜2021年3月31日	1,000万円以内	● 死亡前3年以内の残高が相続税の課税対象 ● 受贈者が23歳未満や在学中などの場合は免除	あり(2割加算なし)
2021年4月1日〜2023年3月31日	1,000万円以内	● 死亡の日までの年数にかかわらず、残高が相続税の課税対象 ● 受贈者が、23歳未満や在学中の場合は免除	あり(2割加算あり)

　この非課税制度は暦年贈与または下記④ 直系尊属からの結婚・子育て資金の一括贈与と併用することができます。

　ただし、教育資金の一括贈与に係る特例を受けるために提出した領収書は、結婚・子育て資金の一括贈与に係る特例を受けるために再提出することができません。

④直系尊属からの結婚・子育て資金の一括贈与

　2015年4月1日から2023年3月31日までの間に、父母や祖父母等の直系尊属から、20歳＊（74ページ参照）以上50歳未満の子や孫が金融機関等との結婚・子育て資金管理契約に基づき結婚・子育て資金の贈与を一括して受けた場合、そのうち1,000万円（うち、結婚に関しては300万円）までは非課税とされます。

　ただし、受贈者が50歳になった場合、残額があれば、その年の贈与税の課税価格に算入されます。

非課税拠出の 行われた時期	受贈者の 前年所得	ア. 契約終了日前に 贈与者が死亡した場合	アの場合の 相続税負担
2015年4月1日～ 2019年3月31日	—	●残額が相続税の課税対象	あり（2割 加算なし）
2019年4月1日～ 2021年3月31日	1,000万 円以内	同上	あり（2割 加算なし）
2021年4月1日～ 2023年3月31日	1,000万 円以内	同上	あり（2割 加算あり）

　直系尊属から一括贈与された結婚・子育て資金は、契約終了日前に贈与者である父母・祖父母等が死亡した場合、残額があれば、相続などにより取得したものとみなして、贈与者の相続財産の価額に加算されます。

　残額を相続等により取得したものとみなされた者が贈与者の相続人ではない「孫」の場合、2021年4月1日以後は相続税の2割加算の対象になり、条件が厳しくなりました。

　また、この非課税制度は暦年贈与または上記③直系尊属からの教育資金の一括贈与と併用することが出来ます。

CHECK‼ ここが重要! #18

☐ 「暦年贈与」は時間があれば最も有効な相続税対策です。贈与のたびの贈与契約書をお忘れなく！

☐ 「配偶者間の居住用不動産（または取得資金）の贈与」と「直系尊属からの住宅取得等資金の贈与」は、相続開始前3年以内の贈与により取得した場合でも、相続財産に加算する必要はありません。検討してみてください。

Part.4

相続・贈与対策で
おさえてほしい
3つのポイント

生命保険の活用はこうする！

　生命保険は相続全般において欠かせない対策です。特に相続財産が２億円までの場合、生命保険を活用すれば十分と思えるほど対策ができます。なお、相続においては、終身保険と言って、生涯、死亡保険金額が変わらない保険を利用します。

①まず、何を目的に保険に入るか検討します。

　相続税対策なのか、**配偶者の老後の生活資金対策**なのか、**納税資金対策**なのか、**遺産分割対策**なのか、はたまた内縁の妻や甥や姪にお金を渡したいのか。複数の目的もありえるのですが、まず、これを考えます。

②最もシンプルな相続税対策は、死亡保険金の非課税枠の活用です。

　保険料負担者と被保険者が同一で受取人が相続人である死亡保険金には、500万円×法定相続人の数の非課税枠があります。この非課税枠は受取人が一人だけの場合も全員分が利用できますので、必ず残さず使い切ってください。2018年の生命保険文化センターの調査では、この非課税枠を知っている人は38.5％と、まだまだ少数派です。

　例えば、死亡保険金の非課税枠は相続人が配偶者と子２人の場合は保険金1,500万円までが非課税です。相続財産が相続税の基礎控除ギリギリの場合、現金預金1,500万円を保険金1,500万円に置き換えることにより相続税の基礎控除の範囲内におさめて、相続税の申告を不要にできないかを検討します。

　保険会社によっては、90歳近い方でも一時払終身保険に加入できます。この場合、保険料と保険金の差額はほとんどないのですが、保険料負担者と被保険者を被相続人にすることにより、この非課税枠を利用できます。

③一般的に保険金受取人は配偶者でなく、子にすべきとされていました。

　配偶者には、最低でも相続財産1億6,000万円までは相続税がかからない「配偶者の税額軽減」があるからです。子にはこの軽減措置がありませんし、子育て（親からみたら孫）でお金が必要な場合が多かったからです。

　しかし、時代は変わり、老老相続が主流の現在、子育てが終わっている場合が増えてきました。また、2019年時点の65歳の平均余命が男性19.83年、女性24.63年（厚生労働省簡易生命表）と、90歳を一つの目安として老後の生活資金を考える必要が生じています。

　先に妻を亡くした夫の場合、残された時間は夫婦間の年齢差からも短いのかもしれませんが、先に夫を亡くした妻の場合、残された時間は20年を超える場合もあります。残された妻に不自由のない生活費を残してあげたいと思うならば、非課税枠にこだわらない金額の保険に加入してあげてください。年金として生涯受け取ることも可能です。

　なお、遺言により、受取人を内縁の妻や甥や姪に変更するのは可能です。遺言執行者（遺言書で指名できます）から保険会社に必ず通知するよう、遺言書に明記してください。

④相続税は現金支払いが原則です。保険金で相続税を支払いませんか？

　物納や延納といった制度はありますが、必ずしも認められるわけではありません。自宅が主な相続財産である場合、概算でもいいので相続税を考えた保険加入を検討してください（P47の相続税額早見表参照）。

　この場合、二次相続での相続税もあわせて検討してください。たとえば、契約者（＝保険料負担者）＝保険金受取人：父、被保険者：母の契約です。父が先に亡くなった場合、解約返戻金の額で母に相続されますが、通常、解約返戻金の額＜支払保険料総額なので、差額だけ相続財産が減少します。しかも、次に母が亡くなった場合（二次相続）、500万円×法定相続人の数の非課税枠が使えます。

⑤最近の相続では兄弟姉妹の平等が一般的になりつつあります。

　長男が多くを相続することは少なくなりました。そのため自宅が主な相続財産である場合、遺産分割を円滑にするために、相続人のうち誰か（例えば兄）が単独で自宅を相続し、他の相続人（例えば弟）に現金（代償交付金といいます）を渡します。**生命保険をこの代償交付金の準備に利用**します。

　注意しないといけないのは、保険金受取人は代償交付金を支払う相続人（兄）にする点です。代償交付金を受け取る相続人（弟）ではありません。死亡保険金は受取人固有の財産と考えるからで、代償交付金は兄から弟に渡す必要があります。

　なお、**2019年7月から遺留分侵害額請求権が金銭で解決**されることになりました。この結果、死亡保険金の重要性がより増したと言えます。

⑥法人を経営している方は、法人で保険に加入できないか検討します。

　契約者：法人、被保険者：経営者、保険金受取人：法人とし、法人は受け取った死亡保険金から経営者の遺族に役員退職金を支払います。その**退職金には、500万円×法定相続人の数の退職金の非課税枠が適用**されます。これは保険金の非課税枠とは別枠です。

　法人が契約する場合、終身保険以外に、長期定期保険、逓増定期保険、養老保険と検討できる保険種類が増えます。

⑦保険料相当額を子、孫や兄弟姉妹に贈与して、子、孫や兄弟姉妹に生命保険に加入してもらうのはよい方法です。

　この場合、子、孫や兄弟姉妹自身を被保険者にするのでもいいのですが、**被相続人を被保険者にして、子、孫や兄弟姉妹に、保険料負担者＝保険金受取人の形で保険金を渡すことも検討**してください。この場合、保険金受取人としての子、孫や兄弟姉妹の一時所得となりますので、子、孫や兄弟姉妹は受取人単独で所得税等の確定申告ができます。相続税申

告のようにいっしょに申告しなくてもよくなります。近親者にお金は渡したいけれど、**相続財産の総額を知られたくない場合もある**のです。

⑧親から保険料の贈与を受けたいけれど親の年齢の問題があり、
　認知症で贈与が継続できないことを心配する方も多いです。

　対策として、一時払終身保険の利用が考えられます。いったん契約者＝保険料負担者＝被保険者：親、受取人：子として保険に加入します。その後、**契約者を子に名義変更**をします（保険料負担者＝被保険者：親、契約者＝受取人：子）。

　保険料支払は終了しており、もし、その後、子に資金の必要性が生じて保険を減額して受け取る減額払戻金は、贈与税の対象にはなりますが、子の資金調達は可能となります。もちろん、贈与税の基礎控除も使えます。**契約者は子に代わっていますから、親の認知症は関係ありません。**毎年の減額は子の判断で可能となります。

CHECK‼ ここが重要! #19

- ☐ 保険加入の目的を検討します。
- ☐ 死亡保険金の非課税枠を活用します。
- ☐ 受取人をだれにするかを検討します。
- ☐ 相続税の納税を検討します。
- ☐ 代償交付金の必要性を検討します。
- ☐ 法人契約の可能性を検討します。
- ☐ 保険料の贈与を検討します。
- ☐ 認知症対策を検討します。

生前贈与の活用はこうする！

　2021年度の税制改正大綱では、「今後、諸外国の制度を参考にしつつ、相続税と贈与税をより一体的に捉えて課税する観点から、現行の相続時精算課税制度と暦年課税制度のあり方を見直すなど、格差の固定化の防止等に留意しつつ、資産移転の時期の選択に中立的な税制の構築に向けて、本格的な検討を進める。」との考え方が示されました。

　現在、最も有効とされる①**長い期間にわたる暦年贈与**　②**婚姻期間が20年以上の配偶者への居住用不動産（または取得資金）の贈与**　③**直系尊属からの住宅取得等資金の贈与**を柱とした生前贈与は、今後、見直しを強いられるかもしれません。

　おそらく、暦年贈与の廃止はないと思いますが、贈与税の基礎控除110万円の縮小（本来は60万円）や相続税への加算期間3年の延長（10年または15年へ）の可能性はあると思います。ただ、見直しが実現するまで、後数年はかかると思いますから、それまで、しっかり贈与を実行しましょう。

　その場合、相続税率が最低10％であることから、相続税がかかるなら、例えば500万円の暦年贈与（現行税率で48.5万円の贈与税、実効税率9.7％）など基礎控除を超えた贈与を検討しましょう。

 ## 遺言書の活用はこうする！

　法務局で自筆証書遺言を保管してもらう制度はとても便利です。

　自分でもやってみましたが、費用が安い、形式面のチェックがある、何より**家庭裁判所での検認が不要**になります。ぜひ、チャレンジしてみてください。具体的には、

ア. 法務省ホームページの中の「法務局における自筆証書遺言書保管制度について」にアクセスします。

イ. 預けられる法務局は限定されているのですが、そのうち、遺言者の①住所地②本籍地③所有不動産の所在地、のいずれかの預け先を選択します。

ウ. 形式に従い遺言書を作成します

（A4サイズで財産目録以外自書、ページ番号付与、両面にしない、ホッチキス止めしない、封をしない、余白指定などがあります）

エ. 遺言書の保管申請書をダウンロードして記入します。なお、自分が亡くなったことを指定する人へ通知を希望する場合はそこも記入します。

オ. 住民票、本人確認資料、印鑑を準備して遺言保管所にインターネットまたは電話で予約をします。

カ. 手数料として、3,900円の収入印紙を購入・貼付けします。

キ. 遺言者本人が遺言書を保管してもらう法務局（遺言書保管所）へ行って申請します。

ク. 保管証を受け取ります。大切に保管してください。

ケ. 相続人に自筆証書遺言書を法務局に預けたことを教えてあげてください。

番外編 認知症と民事信託について

　親世代が高齢になるにつれて不安視されるのが意思能力の低下です。実際、暦年贈与を続けていた親が晩年に認知症にかかっていたとわかると、相続後の税務調査で贈与が成立していないと指摘される恐れがあり

ます。また、保険金の請求もできなくなります。

厚生労働省の推計では、2025年には約700万人が認知症になるといわれています。この問題は本当に深刻です。

対応策として、民事信託や成年後見（法定後見・任意後見）制度が考えられます。ただ、成年後見制度ですと、後見人の財産を減らす贈与は原則できなくなります。実際には使いづらい、とのお声も聞いています。また、専門家が後見人になった場合の費用の面も気になります。

民事信託は、加齢による負担や認知症など、将来の財産能力に不安がある場合、財産を持っている親などが元気なうちに、信頼できる子などに財産管理を委ねる（信託する）ものです。信託契約を使うと、遺言ではできないこと、例えば何代か先までの財産の相続を決めること（「受益者連続信託」といいます）が可能になりました。

しかし、残念ながら、税務上のメリットはありません。課税関係は委託者と受益者間で判断されますが、上記の例ですと、「委託者である親」が死亡した場合、「受益者である子」の受け取った財産に対する相続税課税が発生します。それ以後、受益者に相続が発生する都度、相続税課税が発生します。特に、受益者が一親等の血族及び配偶者のいずれでもない場合、その者の相続税額は、2割加算の規定の適用を受けます。

それでも、民事信託の公正証書作成件数が2018年に2,233件と、民事信託の利用数は確実に増えています。契約書作成報酬がもっと下がればより使いやすくなると思います。

ただ、残念ながら、財産管理について自信をもって民事信託で認知症問題が解決できると言えるまでにはいたっていません。普通預金の活用とか、銀行や保険会社の代理人サービスの活用とか、現場の知恵がまだ有効なのかと思ってしまいます。

Challenge!
付録1

エンディングノートを思いつくままに書いてみましょう！

Ending Note

DATE
・ ・

NAME

Ending Note

エンディングノートは、遺言書と異なり、
形式や内容は自由ですが、法的効力はありません。

ただ、思いを書き残しておけば、
将来、残された遺族の負担を軽減でき、
トラブルも減らすことができます。

準備したエンディングノートは
分量を最小限に絞ったものです。
また、自分の思いや財産は毎年変わります。

できたら、日付を入れて、
毎年、お正月とか誕生日などに見直しをしてください。

目 次

0. 死ぬまでにやっておきたいこと ベスト 10

1

2

3

4

5

6

7

8

9

10

1. 私の生い立ち

| 生年月日 | | 年 | 月 | 日 | 血液型 | |

| 本籍地 | | | 出生地 | |

| 現住所 | |

学歴		小学校	年卒
		中学校	年卒
		高　校	年卒
		大　学	年卒
	他		年卒

職歴	年〜	年	
	年〜	年	
	年〜	年	
	年〜	年	

| 結婚 | | 年 | 月 | 日 |

家族	続柄	生年月日	年	月	日
	続柄	生年月日	年	月	日
	続柄	生年月日	年	月	日
	続柄	生年月日	年	月	日
	続柄	生年月日	年	月	日

2. 健康・病気について

アレルギーや健康上の注意点

かかりつけの病院

病院名	診療科	目的

電話番号　　（　　）　　　　　　　　　　　　　　　科

電話番号　　（　　）　　　　　　　　　　　　　　　科

電話番号　　（　　）　　　　　　　　　　　　　　　科

電話番号　　（　　）　　　　　　　　　　　　　　　科

持病や常用している薬

病歴

3. もし支援を受ける状況になったら

要介護状態になったら

			希望する施設
1	☐	自宅で介護をしてほしい	
2	☐	施設に入所させてほしい	
3	☐	家族で決めてほしい	

認知症等で判断力がなくなったら

1	☐	後見人をお願いしたい親族、専門家がいます
2	☐	すでに任意後見契約をしています
3	☐	家族で決めてほしい

希望する後見人

4. 終末期医療のこと

告知について

1	☐	告知してほしい
2	☐	告知してほしくない

延命治療のこと

1	☐	延命治療してほしい
2	☐	延命治療してほしくない
3	☐	家族にまかせます

臓器移植のこと（意思表示カード）

1	☐	持っている
2	☐	持っていない

献体のこと

1	☐	献体しても良い
2	☐	献体はしてほしくない

MEMO

5. 葬儀のこと

宗教（寺・神社・教会等）

☐ ある（　　　　　　　　　　　　　　）　　☐ ない

葬儀の実施について

☐ 密葬形式　　☐ 通常形式　　☐ 近親者のみ

☐ 社葬　　☐ 葬儀は不要

葬儀依頼先について

☐ 特に希望はない　　☐ 希望がある（　　　　　　　　　）

遺影

☐ 用意してある（保管場所　　　　　　　）　☐ 家族に任せる

喪主になってほしい人　　　　　　　棺にいれてほしいもの

戒名

☐ すでに依頼してある　　戒名：

☐ 家族に任せる　　　　　　☐ 戒名はいらない

6. お墓のこと

希望するお墓

☐ 先祖代々のお墓　　☐ 既に購入してあるお墓

☐ 新たにお墓を購入　　☐ 樹木葬　　☐ 散骨してほしい

☐ 特に考えていない　　☐ 家族に任せる

7. 財産のこと

銀行

					口座番号		名義人
1		銀行		支店	普当	口座番号	名義人
2		銀行		支店	普当	口座番号	名義人
3		銀行		支店	普当	口座番号	名義人

証券会社

					口座番号	名義人
1		証券		支店	口座番号	名義人
2		証券		支店	口座番号	名義人
3		証券		支店	口座番号	名義人

生命保険・損害保険

	保険会社名	保険種類	被保険者
1	保険会社名	保険種類	被保険者
	担当者	内容	受取人
2	保険会社名	保険種類	被保険者
	担当者	内容	受取人
3	保険会社名	保険種類	被保険者
	担当者	内容	受取人

クレジットカード

	カード会社	カード番号	名義	借入金	
1	カード会社	カード番号	名義 / 有効期限	借入金	□ あり □ なし
2	カード会社	カード番号	名義 / 有効期限	借入金	□ あり □ なし
3	カード会社	カード番号	名義 / 有効期限	借入金	□ あり □ なし

不動産

1

| 種類 | □ 土地 | □ 建物 | □ マンション | □ (|) |
| 用途 | □ 自宅 | □ 貸家 | □ 別荘 | □ (|) |

所在地

登記内容　面積　　　　　　　　　　　持分

2

| 種類 | □ 土地 | □ 建物 | □ マンション | □ (|) |
| 用途 | □ 自宅 | □ 貸家 | □ 別荘 | □ (|) |

所在地

登記内容　面積　　　　　　　　　　　持分

3

| 種類 | □ 土地 | □ 建物 | □ マンション | □ (|) |
| 用途 | □ 自宅 | □ 貸家 | □ 別荘 | □ (|) |

所在地

登記内容　面積　　　　　　　　　　　持分

デジタル財産の ID・パスワード

1　使用デバイス　　　　　　　　ID・パスワード

2　使用デバイス　　　　　　　　ID・パスワード

3　使用デバイス　　　　　　　　ID・パスワード

借入金

8. 遺言のこと

遺言書について
_____

☐ **遺言書を作成していない**
_____

  ☐ 財産については、分け方は　相続人に任せる
  ☐ 正式な遺言書はないが、概ね下記のように分けてほしい

_____

☐ **遺言書を作成している**
_____

  ☐ 自筆証書遺言
  ☐ 公正証書遺言
  ☐ 自筆証書遺言（法務局保管）
_____

財産以外で伝えておきたいこと
_____

9. 伝えたいこと

妻へ、夫へ

こどもたちへ

父へ、母へ

10. 連絡先

1
□ 親族 □ 友人 □ 知人（　　　　　　　　　　）　□ 仕事（　　　　　　　　　　）
氏名　　　　　　　　　　　住所
TEL：　　（　　　　　）　　　　　MAIL：　　　　　　　＠
葬儀の案内
□ あり
□ なし

2
□ 親族 □ 友人 □ 知人（　　　　　　　　　　）　□ 仕事（　　　　　　　　　　）
氏名　　　　　　　　　　　住所
TEL：　　（　　　　　）　　　　　MAIL：　　　　　　　＠
葬儀の案内
□ あり
□ なし

3
□ 親族 □ 友人 □ 知人（　　　　　　　　　　）　□ 仕事（　　　　　　　　　　）
氏名　　　　　　　　　　　住所
TEL：　　（　　　　　）　　　　　MAIL：　　　　　　　＠
葬儀の案内
□ あり
□ なし

4
□ 親族 □ 友人 □ 知人（　　　　　　　　　　）　□ 仕事（　　　　　　　　　　）
氏名　　　　　　　　　　　住所
TEL：　　（　　　　　）　　　　　MAIL：　　　　　　　＠
葬儀の案内
□ あり
□ なし

5
□ 親族 □ 友人 □ 知人（　　　　　　　　　　）　□ 仕事（　　　　　　　　　　）
氏名　　　　　　　　　　　住所
TEL：　　（　　　　　）　　　　　MAIL：　　　　　　　＠
葬儀の案内
□ あり
□ なし

6
□ 親族 □ 友人 □ 知人（　　　　　　　　　　）　□ 仕事（　　　　　　　　　　）
氏名　　　　　　　　　　　住所
TEL：　　（　　　　　）　　　　　MAIL：　　　　　　　＠
葬儀の案内
□ あり
□ なし

7
□ 親族 □ 友人 □ 知人（　　　　　　　　　　）　□ 仕事（　　　　　　　　　　）
氏名　　　　　　　　　　　住所
TEL：　　（　　　　　）　　　　　MAIL：　　　　　　　＠
葬儀の案内
□ あり
□ なし

8
□ 親族 □ 友人 □ 知人（　　　　　　　　　　）　□ 仕事（　　　　　　　　　　）
氏名　　　　　　　　　　　住所
TEL：　　（　　　　　）　　　　　MAIL：　　　　　　　＠
葬儀の案内
□ あり
□ なし

9
□ 親族 □ 友人 □ 知人（　　　　　　　　　　）　□ 仕事（　　　　　　　　　　）
氏名　　　　　　　　　　　住所
TEL：　　（　　　　　）　　　　　MAIL：　　　　　　　＠
葬儀の案内
□ あり
□ なし

10
□ 親族 □ 友人 □ 知人（　　　　　　　　　　）　□ 仕事（　　　　　　　　　　）
氏名　　　　　　　　　　　住所
TEL：　　（　　　　　）　　　　　MAIL：　　　　　　　＠
葬儀の案内
□ あり
□ なし

遺言者が遺言書を預ける（遺言書の保管の

保管の申請の流れ

① 自筆証書遺言に係る遺言書を作成する

注意事項 ➡ P5, P6参照 をよく確認しながら，遺言書を作成してください。

② 保管の申請をする遺言書保管所を決める

🔍 **保管の申請ができる遺言書保管所**

遺言者の住所地
遺言者の本籍地 ｝ のいずれかを管轄する遺言書保管所
遺言者が所有する不動産の所在地

ただし，既に他の遺言書を遺言書保管所に預けている場合には，その遺言書保管所になります。

③ 申請書を作成する

申請書に必要事項を記入してください。
申請書の様式は，法務省HP（http://www.moj.go.jp/MINJI/minji03_00051.html）から
ダウンロードできます。また，法務局（遺言書保管所）窓口にも備え付けられています。

④ 保管の申請の予約をする

➡ P3 参照

⑤ 保管の申請をする

次の⑦から㋒までのものを持参して，予約した日時に遺言者本人が，遺言書保管所にお越しください。

☐ **⑦遺言書**
ホッチキス止めはしないでください。封筒は不要です。

☐ **⑦申請書**
あらかじめ記入して持参してください。

☐ **⑦添付書類**
本籍の記載のある住民票の写し等（作成後3か月以内）
※遺言書が外国語により記載されているときは，日本語による翻訳文

☐ **㋓本人確認書類**（有効期限内のものをいずれか1点）
**マイナンバーカード　運転免許証　運転経歴証明書　旅券　乗員手帳
在留カード　特別永住者証明書**

☐ **㋔手数料**
遺言書の保管の申請の手数料は，1通につき **3,900円**です（必要な収入印紙を手数料
納付用紙に貼ってください。）。
※一度保管した遺言書は，保管の申請の撤回をしない限り返却されません。

⑥ 保管証を受け取る

交付される保管証のイメージ画像 →

手続終了後，遺言者の氏名，出生の年月日，遺言書保管所の名称及び
保管番号が記載された保管証をお渡しします。
遺言書の閲覧 ➡P7参照，保管の申請の撤回，変更の届出 ➡P8 参照
をするときや，相続人等が遺言書情報証明書の交付の請求等 ➡P10参照
をするときに，保管番号があると便利ですので，大切に保管してください。
遺言書を法務局（遺言書保管所）に預けていることをご家族にお伝え
になる場合には，保管証を利用されると便利です。

❹

（法務局ホームページから引用）

🔍 遺言書の様式の注意事項

以下は，本制度で預かる遺言書の形式面での注意事項です。
遺言書保管所においては，遺言の内容についての審査はしません。

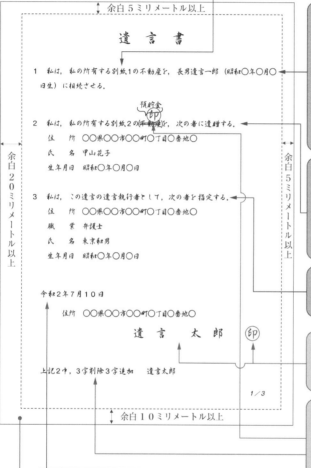

財産の特定のためには，遺言書に財産目録を添付いただいた方が確実です。

推定相続人（相続が開始した場合に相続人となるべき者）には「相続させる」又は「遺贈する」と記載します。
※推定相続人に対して，財産を「相続させる」旨の遺言をする場合は，遺言書の保管申請書の【受遺者等・遺言執行者等欄】に記載する必要はありません。
※推定相続人に対して，財産を「遺贈する」場合は，遺言書の保管申請書の【受遺者等・遺言執行者等欄】に受遺者として，その氏名等を記載してください。

推定相続人以外の者には「相続させる」ではなく「遺贈する」と記載します。
※推定相続人以外の者に対して，財産を「遺贈する」場合は，遺言書の保管申請書の【受遺者等・遺言執行者等欄】に受遺者として，その氏名等を記載してください。

※遺言執行者については，遺言書の保管申請書の【受遺者等・遺言執行者等欄】にその氏名等を記載してください。

署名＋押印が必要です。
押印は認印でも差し支えありませんが，スタンプ印は避けてください。

内容を変更する場合には，その場所が分かるようにして，変更した旨を付記して署名し，変更した場所に押印をする必要があります。
変更が煩雑になる場合や心配な場合には，書き直すことをお勧めします。

遺言書を作成した年月日を記載してください。「○年○月吉日」などの記載では保管することはできません。

用紙は，Ａ４サイズで，文字の判読を妨げるような地紋，彩色等のないものを使ってください。
財産目録以外は全て自書する必要があります。
長期間保存しますので，ボールペン等の容易に消えない筆記具を使ってください。
ページ数の記載や変更の記載を含めて，余白部分には何も記載しないでください。
裏面には何も記載しないでください。

100

（自書によらない財産目録の例）

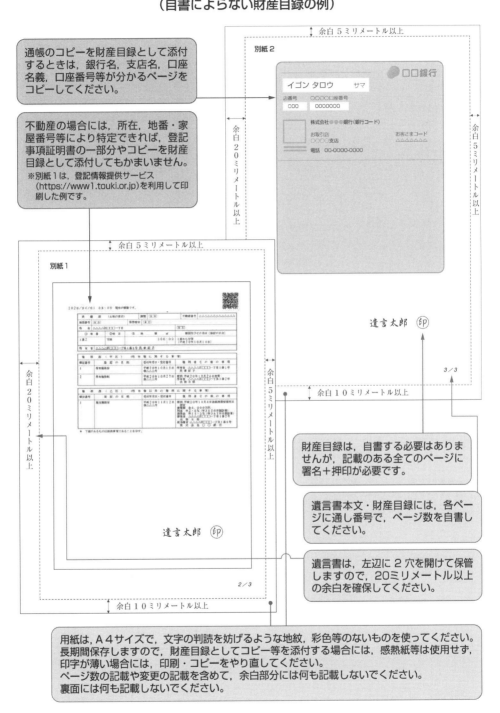

余白５ミリメートル以上

別紙２

イゴン タロウ　サマ

店番号　○○○○□□総番号
○○○　0000000

株式会社※※銀行(銀行コード)
お取引店　　　　　　　　　お客さまコード
○○○○支店
電話 00-0000-0000

□□銀行

余白20ミリメートル以上

余白５ミリメートル以上

通帳のコピーを財産目録として添付するときは，銀行名，支店名，口座名義，口座番号等が分かるページをコピーしてください。

不動産の場合には，所在，地番・家屋番号等により特定できれば，登記事項証明書の一部分やコピーを財産目録として添付してもかまいません。
※別紙１は，登記情報提供サービス（https://www1.touki.or.jp）を利用して印刷した例です。

遺言太郎 (印)

3／3

余白10ミリメートル以上

余白５ミリメートル以上

別紙１

遺言太郎 (印)

2／3

余白20ミリメートル以上

余白５ミリメートル以上

財産目録は，自書する必要はありませんが，記載のある全てのページに署名＋押印が必要です。

遺言書本文・財産目録には，各ページに通し番号で，ページ数を自書してください。

遺言書は，左辺に２穴を開けて保管しますので，20ミリメートル以上の余白を確保してください。

余白10ミリメートル以上

用紙は，Ａ４サイズで，文字の判読を妨げるような地紋，彩色等のないものを使ってください。
長期間保存しますので，財産目録としてコピー等を添付する場合には，感熱紙等は使用せず，印字が薄い場合には，印刷・コピーをやり直してください。
ページ数の記載や変更の記載を含めて，余白部分には何も記載しないでください。
裏面には何も記載しないでください。

《記入例》

別記第2号様式（第10条関係）

申請年月日 令和 ☐3 年 ☐8 月 18 日

遺言書保管所の名称 東京 （地方）法務局 本庁 支局・出張所

遺言書の保管申請書

【遺言者欄】※保管の申請をする遺言者の氏名，住所等を記入してください。また，該当する☐にはレ印を記入してください。

遺言書の作成年月日	1 1:令和/2:平成/3:昭和 ☐3 年 ☐8 月 17 日

遺言者の氏名　姓 追 中

名 徳 久

遺言者の氏名（フリガナ）セイ オ イ ナ カ

メイ ノ リ ヒ サ

遺言者の出生年月日 3 1:令和/2:平成/3:昭和/4:大正/5:明治 35 年 ☐1 月 ☐1 日

遺言者の住所 〒 1 0 3 - 0 0 1 6

都道府県市区町村大字丁目 東京都中央区日本橋○○町

番地 × × 番 △ △ 号

建物名

遺言者の本籍　都道府県 東 京 都 　市区町村 港 区

大字丁目 芝 ○ 丁 目

番地 × - △ △

筆頭者の氏名
(注)筆頭者が遺言者と異なる場合は，記入してください。
☐ 遺言者と同じ

姓

名

遺言者の国籍（国又は地域）
(注)外国人の場合のみ記入してください。
コード ☐☐ 国名・地域名

遺言者の電話番号
(注)ハイフン（−）は不要です。
0 9 0 1 2 3 4 5 6 7 8

氏名、住所、本籍は住民票どおりに記入

手数料納付用紙までのページ

1001

ページ数	1／5

102

【遺言者本人の確認・記入等欄】※以下の事項について，全て確認の上，記入してください。また，該当する□にはレ印を記入してください。

□ 遺言者が所有する不動産の所在地を管轄する遺言書保管所に保管の申請をする。
(注)不動産の所在地を記入してください。

都道府県					市区町村											

大字丁目															

番地															

☑ 申請に係る遺言書は，私が作成した民法第９６８条の自筆証書による遺言書に相違ない。

□ 現在，遺言書保管所に他の遺言書が保管されている。

① 他の遺言書が保管されている場合は，その保管番号を記入してください。
(注)複数ある場合には，備考欄に記入してください。

保管番号 H □□□□ － □□□□□□ － □□□□□□ － □□

② 上記①の遺言書が保管された後，氏名，出生年月日，住所，本籍(外国人にあっては，国籍(国又は地域))又は筆頭者の氏名に変更があった場合は，その変更内容を記入してください。

変更内容

□ 上記①の保管番号の遺言書について，上記②の変更内容に基づく変更届出を行う。
(注)変更を証する書類を添付してください。

手数料の額	金３，９００円
遺言者の記名	追中 徳久
備考欄	
遺言書の総ページ数	2 ページ

押印は不要となりました

1002

ページ数 2／5

103

【受遺者等・遺言執行者等欄】 ※遺言書に記載している受遺者等又は遺言執行者等の氏名，住所等を記入してください。また，該当する☐にはレ印を記入してください。

受遺者等又は遺言執行者等の番号 番
(注)受遺者等又は遺言執行者等の全員に対して通し番号を記入してください。

受遺者等又は遺言執行者等の別 ☐受遺者等 ☐遺言執行者等
(注)受遺者等と遺言執行者等を兼ねる場合は，両方にレ印を記入してください。

氏名 姓
(注)法人の場合は，姓の欄に商号又は名称を記入してください。 名

住所 〒 ☐☐☐ － ☐☐☐☐
(注)法人の場合は，本店又は主たる事務所の所在地を記入してください。 都道府県市区町村大字丁目

番地

建物名

出生年月日 1:令和/2:平成/3:昭和/4:大正/5:明治/6:不明(注)6:不明の場合，年月日は記入不要です。 ☐☐年 ☐☐月 ☐☐日
(注)法人の場合は，記入不要です。

会社法人等番号
(注)法人の場合のみ記入してください。

受遺者等又は遺言執行者等の番号 番
(注)受遺者等又は遺言執行者等の全員に対して通し番号を記入してください。

受遺者等又は遺言執行者等の別 ☐受遺者等 ☐遺言執行者等
(注)受遺者等と遺言執行者等を兼ねる場合は，両方にレ印を記入してください。

氏名 姓
(注)法人の場合は，姓の欄に商号又は名称を記入してください。 名

住所 〒 ☐☐☐ － ☐☐☐☐
(注)法人の場合は，本店又は主たる事務所の所在地を記入してください。 都道府県市区町村大字丁目

番地

建物名

出生年月日 1:令和/2:平成/3:昭和/4:大正/5:明治/6:不明(注)6:不明の場合，年月日は記入不要です。 ☐☐年 ☐☐月 ☐☐日
(注)法人の場合は，記入不要です。

会社法人等番号
(注)法人の場合のみ記入してください。

（注）記入欄が不足する場合は，用紙を追加してください。

1003

ページ数 3／5

【死亡時の通知の対象者欄】※死亡時の通知を希望する場合は，□にレ印を記入の上，①又は②のいずれか
　　　　　　　　　　　　　を選択し，指定する通知対象者の氏名，住所等を記入してください。

☑ 死亡時の通知を希望するため，本申請書記載の私の氏名，出生年月日，本籍及び筆頭者の氏名の情報を遺言書保管
　 官が戸籍担当部局に提供すること，並びに私の死亡後，私の死亡の事実に関する情報を遺言書保管官が戸籍担当部
　 局から取得することに同意する。
　 (注)同意がある場合には，遺言書保管官が遺言者の死亡の事実に関する情報を取得し，当該遺言者があらかじめ指定する以下に記載の者に対して，
　 遺言書が保管されている旨の通知を行います。

① 受遺者等又は遺言執行者等を通知対象者に指定する場合

通知対象者に指定する受遺者等又は遺言執行者等の番号　　　　　　□ 番
(注)受遺者等又は遺言執行者等を通知対象者に指定する場合は，指定する
「受遺者等又は遺言執行者等の番号」を記入してください。

② 推定相続人を通知対象者に指定する場合

遺言者との続柄　　1　1：配偶者／２：子／３：父母／４：兄弟姉妹／５：その他　（　　　　　　　　）

氏名　　姓　追 中

　　　　名　○ ○

住所　　〒　1 0 3 － 0 0 1 6
　　都道府県
　　市区町村　東京都中央区日本橋○○町
　　大字丁目
　　番地　　× × 番 △ △ 号

　　建物名

(注)申立てによる死亡時の通知の対象者には，受遺者等，遺言執行者等又は推定相続人（相続が開始した場合に相続人となるべき者を
いう。）のうち１名のみを指定することができます。

1004

手数料納付用紙

東 京 （地方）法務局 ＿＿＿ 支局・出張所 御中＿＿＿

（申請人・請求人の表示）

住所 東京都中央区日本橋○○町

＿＿＿＿ ××番 △△号 ＿＿＿＿

氏名又は名称 追中 徳久

（法定代理人の表示）

住所

氏名

（その他）

納付金額 3,900 円

年 月 日	担 当

印紙貼付欄

　収入印紙は，割印をしないで，印紙貼付欄に
貼り付けてください。

印紙
3,000円

印紙
600円

印紙
300円

印紙の
組み合わせは
自由

ページ数	5／5

おわりに

　相続・贈与対策として重要になってくる「生命保険の活用」「生前贈与の活用」「遺言書の活用」について、ご理解いただけましたでしょうか？

　特に、2021年度に大きく変わるのではと予測されていた相続贈与税制の抜本的見直しは先送りになりました。新型コロナウイルス禍後の増税の選択肢の一つになりそうです。

　いままで、暦年贈与を継続して、長生きしてもらうのが最高の相続税対策といっていたのが、相続税への持ち戻し期間が10年に延長されるなどの改正案が実施されることになると、変更を余儀なくされるかもしれません。それでも、生命保険や生前贈与を最大限活用して、できるだけ相続税対策を行うという基本方針はかわらないと思います。また、もめない相続にするための自筆証書遺言書作成をぜひ行ってほしいと思います。

　そして、専門家に頼るのは最後の砦と考え、できることは相続税申告でも相続登記でも自分でやるというスタンスはあってもいいのではと思います。国税庁のホームページを一度、のぞいてみてください。毎年毎年、わかりやすくなっています。わからなかったら役所に聞きながら自分でやってみる、その前向きな気持ちをお持ちいただけたらと思います。

　最後までお付き合いいただき、本当にありがとうございました。

　　2021年8月

税理士　追中　徳久

Profile

追中 徳久 おいなか　のりひさ

税理士 東京税理士会日本橋支部所属
日本税務会計学会法律部門委員、生命保険経営学会所属
補佐人税理士
1983年早稲田大学法学部卒業
1994年筑波大学大学院経営政策研究科企業法学専攻修了
大手生命保険会社での勤務経験を活かし、生命保険や相続・贈与について年間7,000件を超える相談業務で活躍中。

主な著書
『国税庁新通達から学ぶ!!
　Q&A 保険販売のための税務トラブル回避事例』(ぎょうせい)
『事業承継対策の法務と税務』(共著、日本法令)
『生命保険税務と周辺問題Q&A』(共著、新日本保険新聞社)
『節税Q&A』(共著、TAC出版)

照会先　oinaka1@gmail.com

保険税務のプロによる
相続・贈与のお悩み解決ノート

令和3年10月15日　第1刷発行

著　者　追中　徳久
発　行　株式会社ぎょうせい
〒136-8575　東京都江東区新木場1-18-11
URL：https://gyosei.jp

フリーコール　0120-953-431
ぎょうせい　お問い合わせ　検索　https://gyosei.jp/inquiry/

〈検印省略〉

印刷　ぎょうせいデジタル株式会社　　　　　　　　　　©2021 Printed in Japan
※乱丁・落丁本はお取り替えいたします。
ISBN978-4-324-11040-9
(5108740-00-000)
〔略号：相続解決ノート〕